叁

中華武術大觀

图书在版编目(CIP)数据

李文彬、尚芝蓉专辑:尚氏形意拳械抉微/李文彬,尚芝蓉编著.
—武汉:湖北科学技术出版社,2016.4(2018.12重印)
(中华武术大观)
ISBN 978-7-5352-8588-1

Ⅰ.①李… Ⅱ.①李… ②尚… Ⅲ.①形意拳—基本知识
②器械术(武术)—基本知识—中国 Ⅳ.①G852.14②G852.2

中国版本图书馆CIP数据核字(2016)第072720号

责任编辑:谭学军 徐 竹　　封面设计:胡 博

出版发行:湖北科学技术出版社　　电话:027—87679468
地　　址:武汉市雄楚大街268号　　邮编:430070
(湖北出版文化城B座 13—14层)
网　　址:http://www.hbstp.com.cn

印　　刷:武汉市金港彩印有限公司　　邮编:430023

787×1092 1/16　　13.25印张　　4插页　　202千字
2016年7月第1版　　2018年12月第2次印刷
定价:50.00元

李文彬
尚芝蓉

尚氏
形意拳械專輯
抉微

长江出版传媒
湖北科学技术出版社
南粤出版社

責任編輯　董　陽　葉生剛　李愼謙　吴國源
執行編輯　李愼謙
封面設計　洪清淇

書　　名　李文彬、尚芝蓉專輯・尚氏形意拳械抉微
（中華武術大觀・叁）
編 著 者　李文彬　尚芝蓉
聯合出版　南粵出版社
香港域多利皇后街十號 801 室
SOUTH CHINA PRESS
Rm. 801, 10 Queen Victoria Street, Hongkong
湖北科學技術出版社
中國湖北省武漢市東亭路 2 號
HUBEI SCIENCE AND TECHNOLOGY PRESS
2 Dong Ting Road, Wuhan, Hubei, China
發　　行　三聯書店（香港）有限公司
香港域多利皇后街九號
JOINT PUBLISHING(H. K.)CO., LTD.
9 Queen Victoria Street, Hongkong
印　　刷　陽光印刷製本廠
香港柴灣嘉業街十號 12 樓
版　　次　1990 年 12 月香港第一版第一次印刷
規　　格　16 開（184×260mm）224 面
國際書號　ISBN 962・04・0872・1

Published & Printed in Hongkong

1

1. 形意大師尚雲祥先生遺像（1864—1937）

2. 李文彬與尚芝蓉在鶴鄉觀鶴

3. 李文彬在寫作

4. 尚芝蓉在家中

5. 李文彬在作畫

6. 金鷄上架

7. 燕子抄水起動式

8. 青龍探爪

9. 青龍探爪

10. 鷂子鑽天

11. 魁星式

12. 懷中抱月

13. 金鷄獨立

14. 斜步插花

2

3

4

5

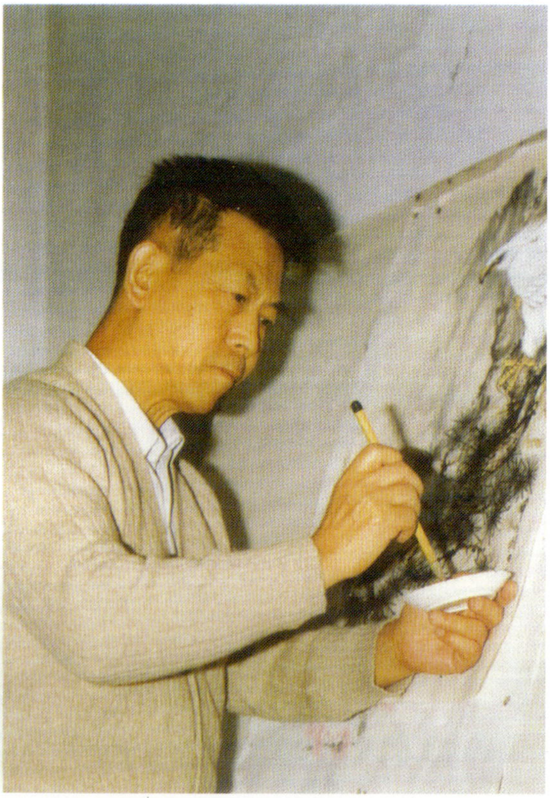

6

7

8

9

10

11

12

13

14

總　序

中華民族，歷來文武并重，“乃武乃文”（《書・大禹謨》）。最初建立國家，都是以武來完成的。周武王於牧野誓師，號令：“稱爾戈，比爾干，立爾矛。”滅掉暴君商紂，立即“歸馬於華山之陽，放牛於桃林之野”。（《書・武成》）春秋宣公十二年，楚敗晉師於邲，楚子明確地指出：“夫文，止戈爲武。”接着進一步指出：“夫武，禁暴、戢兵、保大、定功、安民、和衆、豐財者也。”也就是“武有七德”的説法。武，不可一日廢，但決不提倡“耀武觀兵”。

古代教學，也是文武并重。《周禮・地官司徒・保氏》：“保氏掌諫王惡；而養國子以道，乃教之六藝。”其中“射”與“御”，即着眼於培育國防人才。《文獻通考・選舉考・武舉》：“漢興，六郡良家子，選給羽林期門，以材力爲官，名將多出焉。”《事物紀原・學校貢舉部・武舉》：“《唐會要》曰：‘長安三年正月十七日，詔天下諸州，宣教武藝，每年準明經進士，貢舉例送，此武舉之始也。’”漢、唐以後，歷代相沿。雖有起落，并未中止。

當然，今天的武術運動，只是整個體育事業中的一個組成部分。由於時代的推移，它的作用，應當賦予新的内容。在增强全民體質、提高世界武術運動水平的前提下，挖掘整理傳統套路和鍛煉方法；研討修身養性、攻防技擊等有效成果，以之公諸同好，作他山之助。

本叢書基於上述目的，分輯陸續出版。舉凡各門派有代表性之拳、械具鮮明特色者，兼收并蓄，百花齊放，四海一家，無分軒輊。

“天行健，君子以自强不息。”願八方風動，我武維揚。

《中華武術大觀》編委會

目　　録

序　　言

李文彬、尚芝蓉合著之《尚氏形意拳械抉微》脱稿，乃當前武術界一大盛事，非僅嘉惠後學，求藝有徑，抑且推動了挖掘整理中華傳統武術工作向更深層次發展，爲弘揚祖國傳統文化，作出積極有益的貢獻。

尚雲祥先生，親承單刀李存義及先輩“半步崩拳打遍天下”郭雲深之衣鉢，畢生精研形意，悟而有化，廣樹桃李，身教言傳，躍居爲當代最有影響大師之一，儕輩深服其能。孫祿堂對其爆發力之剛猛，備加讚許。師兄弟中，罕出其右。文彬兄爲師之關門弟子，芝蓉則是師至爲鍾愛之幼女。二人同堂受教，朝夕研習，數十年從未中斷。現將所得，筆之於書，所附圖片，均係親身演練者，堪稱武庫珍品。

僕忝爲《中華武術大觀》叢書執行編委，有幸先睹，讀後略記數語，實乃欲將膚淺之心得，公諸同好，非敢云序。

一、辨析源流，鑑定真義

本書卷首《形意拳技藝源流索遺》一章，指出形意拳係從心意拳衍變而得。心意拳重動作，講招法，自姬際可至戴龍邦，已躍進一大步，“轉向突出對內意、内勁、神和氣的運用。”又在動作、套路上增加了五行拳。由十大形又增加了七小形，以及樁功等。明確而肯定：這些“就是促成心意拳衍變到形意拳，形成兩種不同特色的拳術技藝的前提”。把同源異流的兩種拳系分開，各自獨立而又相得益彰。師古而不泥古，有利於做進一步的研習和發展。特別推出：“李洛能學自山西戴龍邦，傳入河北，曾叫意拳。後改名形意拳，他就是此拳發揚光大的鼻祖。”這是一種大膽而又負責的態度。之所以如此做出斷語，有無可辯駁的事實作爲依據。“特別是改掉了側身弓箭步，代之以兩腿彎曲、前三後七的夾剪勁的鷄腿，和進身跟後脚的槐蟲步。身體則變爲似正非正、似斜非斜，具有鷄腿、龍身、熊膀、虎抱頭‘四象’的外形和内意的三體式作爲母式。”形成了武壇别具一格的步法、步型。此乃“青出於藍而勝於藍”發展進化的觀點，從鑑别而定真義。心意拳講：“起如虎撲人，落如鷹之抓物”；“起如舉鼎，落如分瓶”。而形意拳則要求“起横不見横，落順不見順”；“起是去也，落是打也，打起落如水之翻浪”。是顧中有打，打中有顧。其他例證尚多，讀者可於書中見之。

二、標舉内勁，探賾抉微

“尚先生教練形意拳，不僅要求外形精煉，内意純中，伸手投足，動必有由，不務招法，但重内勁。嚴禁努氣使拙力，要求從輕鬆、自然、和諧中去追求迅猛剛實的爆發勁。”“這種内勁發自丹田，運至周身”，無微不至，感之遂通。“尚先生教練形意拳，所以着重練功、找勁，練的就是形神合一，找的就是體用一源的真勁，不講形式，不講招法，專講找勁，故練出來的，自會形神完整、内勁充盈。”内家拳着重勁路，運行於體内者爲勁，激發於體外者爲力。所謂“蓄勢運勁，落點發力”。如何達到形神完整、内勁充盈？則和“嚴格掌握和運用催三節、驚四梢分不開的”。至於如何催三節、驚四梢？書中有詳實具體的説明。此種探賾抉微，循序漸進，剥繭抽絲，引人入勝的教學方法，貫串了全書篇章。

縱觀現在已廣爲流行的内家三大拳種，其理論體系的指導，均來自道家。老子《道德經》第十六章：“致虚極，守静篤，萬物并作，吾以觀其復。夫物芸芸，各復歸其根。歸根曰静，静曰復命。”道家知命養性，性命雙修。《尚氏形意拳的特點》一章，引拳經：“静爲本體，動爲作用。”指明“動静同理，體用一源”。“不真動，就談不到知‘意’；不真静，就談不到知‘性’。静爲性，動爲意。不静，則真意就不能發動。真意能動，才會‘妙用則如神’。故形意拳要求練形神合一，進而追求虚極静篤時，則還於先天本性。”“而這些追求，又何嘗不是用意來引化神、氣，而求得技擊上的妙用。”

“丹田久煉靈根本，亦即固靈根；真氣退藏於密，也就是所謂元神元氣相合。由無而有，由小而大，一氣之動，發之周身。也是使内勁的形成和發動有根。”道家講求歸根復命，不主外發；拳家則主張静中求動，克敵致勝。此乃初階，故書中謂“得養練之始”。

《築基功夫》章的《三體式的涵義和作用》中，首先標明：“‘道自虚無生一氣，便從一氣産陰陽，陰陽再合成三體，三體重生萬物張’。形意拳就是以這個樸素唯物的陰陽五行之説爲依據。”此依據即道家全真南五祖紫陽派初祖張伯端《悟真篇》中絶句六十四首内之第十二首。亦即老子“道生一，一生二，二生三，三生萬物”之具體闡明。書中指出：人體也是一個小天地，“故人體亦有三體之説”。“如果通過鍛煉，能够陰陽相合，内外一氣，三體合一，則會不有中有，無可無不可，故云‘三體重生萬物張’。”至於“上通三關，下固靈根”等，都是道家修持在拳術上的具體運用。

三、揭示竅要，言必有據

《築基功夫》章以“三體式”爲樁功，以“鷹捉”爲母拳，這是尚氏演練形意拳的突出之處。有何根據？經云：“出式虎撲，起手鷹捉。”論四梢中之“筋梢”：“虎威鷹猛，以爪爲鋒，手攫足踏，氣勢兼雄，爪之所到，皆可奏功。”爪爲筋之餘，筋長則力大，形意拳着重伸筋拔骨的鍛煉，三體式樁功，正是其具體運用，故以之爲母式。“被視爲是形意拳特有技法静的定型，静的築基功夫；而鷹捉則是樁功三體式諸多技法的運用，是形意拳動的築基功夫。”形意拳發力的技法核心，即“起落、鑽翻勁”。而鷹捉正是求得這種真勁的最好鍛煉方法。“我們形意門中特有的，被人們景仰和追求的‘翻浪勁’(人們不知其名，僅從動作形態來看，叫它‘摩挲勁’，也有叫它‘劃勁’的)，它就是這鑽翻勁中的代表形式。”

形意勁路之發放，有剛有柔，有明有暗，如何體現“剛至柔生，柔極自化”之拳理精髓？正如書中指出：“既得疾用驟發，迅如奔雷的爆發剛勁，就有了發人的真正本錢，再能稍加用心去領悟，則緩動遂發的柔（暗）勁，也會悠然而得。則形意拳發勁技法的精華之一的屬於柔（暗）勁的所謂‘中乘’功夫的‘沾身縱力’之言，却多不知‘沾身縱力’其技。實際它就是‘起落、鑽翻的具體應用。也只有通過練鷹捉，用鷹捉，才能逐漸地懂得它和找到它。才能真正的深切的體驗到它。有了這個體驗，才能推而廣之，運用到形意的其他拳法中去。人們稱鷹捉爲形意之母拳，信乎！它確實當之無愧!”

將鷹捉提爲母拳，使其獨立於五行拳之外，并與劈拳做出嚴格的劃分，這是尚氏形意拳顯著的特點。形意各拳，無不以其作爲起手，如果還拿它當劈拳，顯然是錯誤的。特別值得提出的，是丢掉了真正的劈拳，便失掉了劈拳不用關節處打人、發勁的非常寶貴的特殊技法，良可惜也。必也正名乎？這正是以拳經作爲依據的。言必有據，揭出了個中竅要。

三體式樁功爲母式，鷹捉拳法爲母拳，二者是開啓形意奧秘之門的鑰匙。著者再三致意，和盤托出，用心良苦。本書價值自可想見。

四、擇善而從，一掃浮誇

書中指出：“近代形意拳技藝雖同出李門一源，不僅河北、山西兩大支的風格、練法頗有差異，就是一支内的名家巨擘所傳，亦有剛、柔、長、短、活、實等不同，可以説風格不同，各有千秋。但後代們對形意拳技法真諦、拳論涵義的理解，却因所學所識和個人條件的不同，便難免有深、淺、對、錯之别。從一些書文的論述和所練的動作中，可以略見端倪。我們既愛好形意拳，就願意研究和提高它，那就需要我們以科學、客觀的態度，進行比較鑑别，擇善而從之。不能因其他什麽舊意識影響，而貽誤自己和後人。這應是我們新時代的形意拳愛好者的共同態度。”書中正是以這種態度從事著述的。如《心意六合拳譜》中的“十要”，以及相傳爲曹繼武所撰的《十法摘要》，歷來被奉爲經典著作。論技法有其不同特點和發展方向，但與衍變進化了的形意拳，雖係一宗所始，却已歧爲兩途。《十法摘要》提出：“惟我六合拳，練上法、顧法、開法於一貫，而其機自靈，其動自捷，雖黑夜之間，而風吹草動，有觸必應。”本書則指出：“在未能精煉内在的神、意、氣和内勁，是不可能有觸即發的。”因“戴龍邦以前的心意拳，尚未究及這方面的技術”。三催勁：心意拳講“梢節起、中節隨、根節追”。形意拳則“腰催肩、肩催肘、肘催手”。“腰催跨、胯催膝、膝催足”，一個是以梢節爲主，一個是以根節爲本，這是截然不同的兩種勁路和技法。形意要求練丹田内勁，單憑起、隨、追的發力方法，是無法求得的。書中例證很多，讀者可自加辨識。總之，不拘一格，擇善而從，不弄虚玄，唯求實效。這是本書的最大特點。

文彬兄於1918年出生於東北瀋陽。幼嗜武技，苦練腰腿等基本功及長拳。“九一八”事變後，舉家遷至北平（今北京）。啓蒙老師爲曾任遼海六門提督、精於馬上步下各項武功之徐德福老先生。正式習練長拳、器械、硬功、輕功。1933年，投於尚雲祥老師門下，并得王茂齋、王占恒諸先輩教益，專研形意，亦旁及通臂、太極。曾任齊齊哈爾市武術協會主席。1959年，任第一屆全國運動會武術比賽副裁判長，1960年，又任鄭州全國武術錦標賽副裁判長。爲人鯁直，博藝多才，繪畫書法，均所擅長。尤工花鳥，作品赴日展覽，深受外邦人士好評。與兄訂交，諍言無隱，肝膽相照，推心置腹，雖南北異地，魚雁時通，天涯猶比鄰也。

流　沙

1989 年 1 月 16 日於湖北省文史研究館

前　　言

形意拳從動作來看，簡賅無華，但外形好做，實質難悟。想求合順尚易，但求內勁較難。説難，在學練上實際也并不難，難却難在能否掌握正確的技術和理論指導。形意拳因拳理精深，尤多隱諱，故對它深邃的內涵要與實際動作相結合，在實踐中求得真知，確非易事。在學練中對拳經要義又容易流於疏漏，確不是從拳譜字面上可以理解到它深切的內涵。更不是按一般拳術的招法，可能領會到它特殊“勁、意”的運用。正因如此，才有的人下了很大功夫，甚至苦練一生，臆想：“只要功夫到，就會出奇蹟”，實際只能鬧個“功夫純熟體力好”，在內勁和精微的技法方面，却不免“仰着模糊臉”。這就應了拳經所説的話：“武藝雖精竅不真，費盡心機枉勞神。”這對我們愛好者來説，該是多麽重要的借鑑，通過許多事實，使我們知道，功夫是功夫，技藝是技藝，功夫大不等於技藝高，功夫和技藝是兩碼事，要想真有所得，還得排除一切舊意識的干擾，不能固執己學，不悟其他，要以客觀的科學態度，謙虛而又刻苦的鑽研精神，從前人給我們留下的不同技術、動作和理論中，去比較採擇，以汲取這寶貴遺産的精華。

李洛能先生所傳的形意拳，雖同出一源，却已成多樣。不僅山西、河北各具特色，就是河北各家所傳也不盡同，這是由於個人的師承關係，和才智理解的不同，差别是必然的。這正是要我們在長期的學練中，不斷比較、提煉，探賾抉微，藉求知深的關鍵所在。實際這也正是許多名家成功之路。

尚雲祥先生博通百家，却專攻形意，他就是這樣走完了既平凡而又很不平凡的一生。也是我們通過幾十年的客觀比較和切身體會，才深刻地認識到先生給我們留下的形意拳械技術和經驗，是非常可貴的。使我們從平凡的技術中，掌握到它不平凡的三昧；從奥秘的拳理中知道它淺明的運用方法。多麼可貴的教導，多麼可敬的師德，永遠讓人們深切地懷念。

先師尚雲祥先生字霽亭（1864—1937年），山東樂陵人，自幼慧穎强識，勤奮過人，得師中華武士會創辦人、單刀李存義先生，承蒙傾囊以授，乃致藝冠群英。其後復得“半步崩拳打遍天下”郭雲深先生的厚愛，親傳衣鉢，深得形意真諦，并繼承了先生的“半步崩拳”“丹田氣打”“大桿子”三絶技，對舊學有所改變，藝尤精進。乃致身未出燕趙，却名揚大江南北。清末李存義先生去山西訪諸前輩，交融河北、山西技藝之長，回來後，經過提煉，對原有練法和套路，有所改進和創新，而尚先生又汲取李先生的心得，融會貫通，對舊學又有再次改進，尤詮要詣，故先生晚年所練所教更別具風格。

尚先生教練形意拳，不僅要求外形精煉，内意純中；伸手投足，動必有由；不務招法，但重内勁。嚴禁努氣使拙力，要求從輕鬆、自然、和諧中去追求迅猛剛實的爆發勁。待六陽純全，無堅不摧，達到“硬打硬進無遮攔”則剛勁功到，再繼悟柔寓於剛。則“沾身縱力”“緩動遂發”的“翻浪勁”；“意動勁發”“絶是抖絶也”的“抖擻勁”以及“掙崩摘豆角”的“炸勁”等諸内勁，皆可得之。進而再求“不意而發”的“化勁”，這就是先生對“三步功夫”的不分階段、不單趟去練的簡而易得的特點。在鍛煉中，强調内外相合，完整一氣，丹田發勁。因之，特別着重基本功的訓練，突出要求樁功站得堅實，静中求動，用以健身、築基、培養外形内意的運用。突出要求把鷹捉練得精純，把它列爲五行拳之外的母拳。用它掌握“起落鑽翻”的特殊技法，藉以練出被人們視爲形意特有的絶技“翻浪勁”（一般稱爲内勁、劃勁或摩挲勁）。并用它求得“脚打七分、手打三”“去意好似捲地風”的趟勁和踩勁。僅這些，已足成爲形意拳中尚氏所僅有的技法真諦。先生所教練的五行拳，是按金、水、木、火、土五行相生的順序練的，是符合《内經》要求的，能確切地體現五行“生尅制化”的哲理的。無論從動作技法到理論辨識都確有道理和獨到之處。所教的十二形拳，是各盡物之性能，不僅動作與一般有所不同，甚至對所學之物亦有異説。突出反映在“鮀”“鮐”兩拳的外形内意上，但究之物性和特能，以至外形和技法，都確乎符合拳經之所指。在傳統套路拳中，先生所教的連環、六合、八式、十二洪錘、雜式錘，以及對練的五行炮、安身炮，以及傳統器械中的五行、連環、六合的刀、劍、棍、槍，以至特殊器械麟角刀、鳳翅钂等也都別具特色和勁路。所以說習之愈久，究之愈深，則愈覺其意味深湛。現在各流派的形意拳，廣泛傳播，推及海外，惟獨尚先生所教的形意拳，詳者甚少，我們有責任做做介紹。尚芝蓉是先生最小的女兒，李文彬是先生最小的門生，同堂學藝，皆蒙厚愛，口授心傳，略得要詣，願公諸於世，以廣傳播，願與識家、廣大愛好者共同學習、探討，以求發揚。

本書是用傳統的理論，來指導動作和解釋動作的要領和作用的。不僅說明應該怎樣做，而且還說明爲什麼要這樣做，和它的理論根據。武術界有句保守的話說“能給一錠金，不說一口春”，這就是只教動作不講道理的要害所在，而我們這樣做正爲了打破保守思想，拋出引玉之磚。這樣不僅使後學能了解動作的實質，并能掌握其傳統的理論根據。特別是可以加深理解其深邃的技術內涵，避免因師傳的不一，使其傳統理論與實際脫節，產生誤解。又可避免有的同好雖對動作掌握純熟，而對理論不甚知之，有礙提高。這樣用理論指導動作的方法，也是先師心傳口授，避免照猫畫虎，而求真知實傳的主要方式。故本書在寫作上，多有揭前人之秘，又大多不與人同的特點。這正是爲了播揚尚門恩師之德和藝所使焉。可能我們的理解還不深，願有志、有德者得之，有助於探賾抉微進而追求發揚形意之精華。

本書所寫的套路和動作，悉依先生晚年所教爲準，限於篇幅未及其他。本書只列入別具要詣的尚氏形意的樁功、鷹捉、五行拳和連環拳，以及會者人稀的連環刀、劍、棍、槍四種傳統的器械套路，作爲《尚氏形意拳械抉微》出版。限於作者水平，疵誤難免，待正於識家、讀者。1987 年古曆 10 月 10 日是先生逝世五十週年，開始寫此書用以略慰先生在天之靈，并藉以傳頌先生之德藝。

本書的寫作承蒙武當大家陳流沙老友的一再敦勉，又在老領導和同志們的關懷支持下才動筆的，如果說本書或有小益，首當感謝他們的摯情和厚誼。有關書中動作、圖文的編繪、校録等等工作，是由小兒李竑、門生吕太敏等多人共同努力完成的，他們藉之得到鍛煉，也較踏實地做了一項傳播所學、有益後進的工作。謹附筆誌之。

關東滃然李文彬識

1988 年 12 月於北疆

一　形意拳技藝源流索遺

形意拳是中國武術中影響較大的優秀拳種之一。因其流傳年久，以致它的名稱、源流、技法、内容以及理論著作等方面，都出現了許多不同的衍變和分歧。我們研究它衍變的歷程和分歧的内容，對它的發生和發展，以至研究它的不同理論，探索它的不同技法，特别是追求它前後的精華，都是至關重要的，是該多做探索辨識工作的。

正因爲流傳的年代較久和技藝内容的變化，以致關於它的創始人和前幾代的傳人，都出現了不同的説法。不論是譜史所見，還是今人考證，創自明末清初山西蒲州的姬際可，是無異議了。但是他當時所創的拳(形意拳前身)和現在廣爲流傳的形意拳技藝是大不相同的。無論少林寺所傳的心意把十二大勢等還是河南馬學禮所傳的心意拳十大形等，雖都是着重單勢以精於技擊，着重實戰而不講花架，有獨到之處，但都是以側身弓箭步爲基本步型，重動作，講招法，與近代的形意拳有較明顯的差别。而戴龍邦傳於山西祁縣的六合拳或心意六合拳用的也是側身弓箭步，但在技法上却强調了意識、呼吸、勁力和動作的内外相合。以丹田爲本，以意領氣，手脚相合，攻防一體。動作從自然、輕鬆入手，由慢而快，逐步練出内外合一的内勁來。這種内勁發自丹田，運至周身，要練出具有實效的爆發勁來。從這些技法要領來看，戴龍邦已由重視動作和招法的傳統，轉向突出對内意、内勁、神和氣的運用。這一較大的轉折，是戴龍邦先生的偉大貢獻。説明戴龍邦和馬學禮雖同受業於曹繼武，而他倆所傳的技藝却大不相同。而戴龍邦不僅着眼到内意上，還在動作、套路上增加了五行拳，由十大形又增加了七小形，以及樁功等。這些技法和内容的變化，就是促成心意拳衍變到形意拳，形成兩種不同特色的拳術技藝的前提。而李洛能學自山西戴龍邦，傳人河北，曾叫它意拳，後改名形意拳，他就是此拳發揚光大的鼻祖。他不僅充實改進了用似斧、似電(似閃)、似箭、似炮、似彈之形反映劈、鑽、崩、炮、横這五拳之意和生剋制化之理的五行拳，還把十大形、七小形變爲外形内意、象形取意、更趨精煉的十二形，這就是形意拳命名的根據，也豐富了拳意的内涵。并增加了一些單練、對練的拳術套路和一些器械套路。特别是改掉了側身弓箭步，代之以兩腿彎曲、前三後七的夾剪勁的鷄腿，和進身跟後脚的槐蟲步。身體則變爲以似正非正，似斜非斜，具有鷄腿、龍身、熊膀、虎抱頭"四象"的外形和内意的三體式(又稱三才式或鷹捉式)作爲母式。這個内涵的拳意和變化了的步型、步法，就構成了形意拳的技藝特點，打破了武術以弓、馬、仆、虚、歇爲主要步型的慣例，形成了武壇別具一格的步法、步型。無疑這是繼戴龍邦之後，李洛能先生的一大創新。先生正因爲探入精微，窮其奥秘，在技法上達到"拳無拳，意無意，無意之中是真意"的造詣，能不見、不聞、不意而發步，躋出神入化的高超境地，不愧人稱"神拳"。李洛能先生除使這一拳種的外形内意以至技術理論更加精湛外，還能破除保守，廣開藝門，以至門下名家輩出，傳播廣泛，現已遍及海内外。他的門生宋世榮、車永宏先生等把李先生學自山西的技藝又傳回山西，而且傳人較多，成一支之盛，成爲現在人稱的形意拳"山西派"。而郭雲深、劉奇蘭先生等則成爲河北一支的一代宗師，武藝傳遍大江南北，門下人才濟濟。至今李先生所傳的形意拳，雖僅百幾十年的傳播，已見第九代傳人，且在茁壯成長中，門風可謂盛矣。

近代形意拳技藝雖同出李門一源，但不僅河北、山西兩大支的風格、練法頗有差異，就是一支内的名家、巨擘所傳，亦有剛、柔、長、短、活、實等不同，可以説風格不同，各有千秋；且後代們對形意拳技法真諦、拳論涵義的理解，亦因所學、所識和個人條件的不同，便難免有深、淺、對、錯之别，從一些書文的論述和所練的動作中，可以略見端倪。我們既愛好形意拳，願意研究和提高它，就需要以科學、客觀態度，進行比較鑑别，擇善而從之，不能因其他什麼舊意識影響而貽誤自己和後人，這應是我們新時代的形意拳愛好者的共同態度。

我們研究形意拳的技藝和它的發生和發展，除了得之於師承的心傳口授外，還會從拳經、拳譜和名人著作中找答案。從明末清初到現在的衍變，不僅拳的名稱、内容以及技法和理論，都發生了變化，而且還有許多人爲的紊亂情況存在，因之就給我們帶來了識别上的困難。如果我們不了解它衍變的歷程和内容，爲了研究形意拳的技藝，還去參照衍變前的老經、老譜和著作，雖開卷有益，但會感到茫然不知所從。它和古玩秘籍總是不同，不是越老越珍貴。

比如你想研究形意拳去參照《心意拳譜》就會感到對不上號。甚至參考雍正十一年起又經過幾次修訂的《心意六合拳譜》也會感到有許多理論與形意拳的實際動作和技法也不相符。例如譜中所引述的《六合十大要序》，後來被人們改成曹繼武的《十法摘要》(見圖一)，此文曾被人們認爲是形意拳的經典著作，影響亦極爲廣泛。但究其實質，却不盡然。其中就有不少説法不合乎形意拳的技法要求，甚至會混淆是非，起相反的作用。如文中"惟我六合拳，練上法、顧法、開法於一貫，而其機自靈，其動自捷，雖

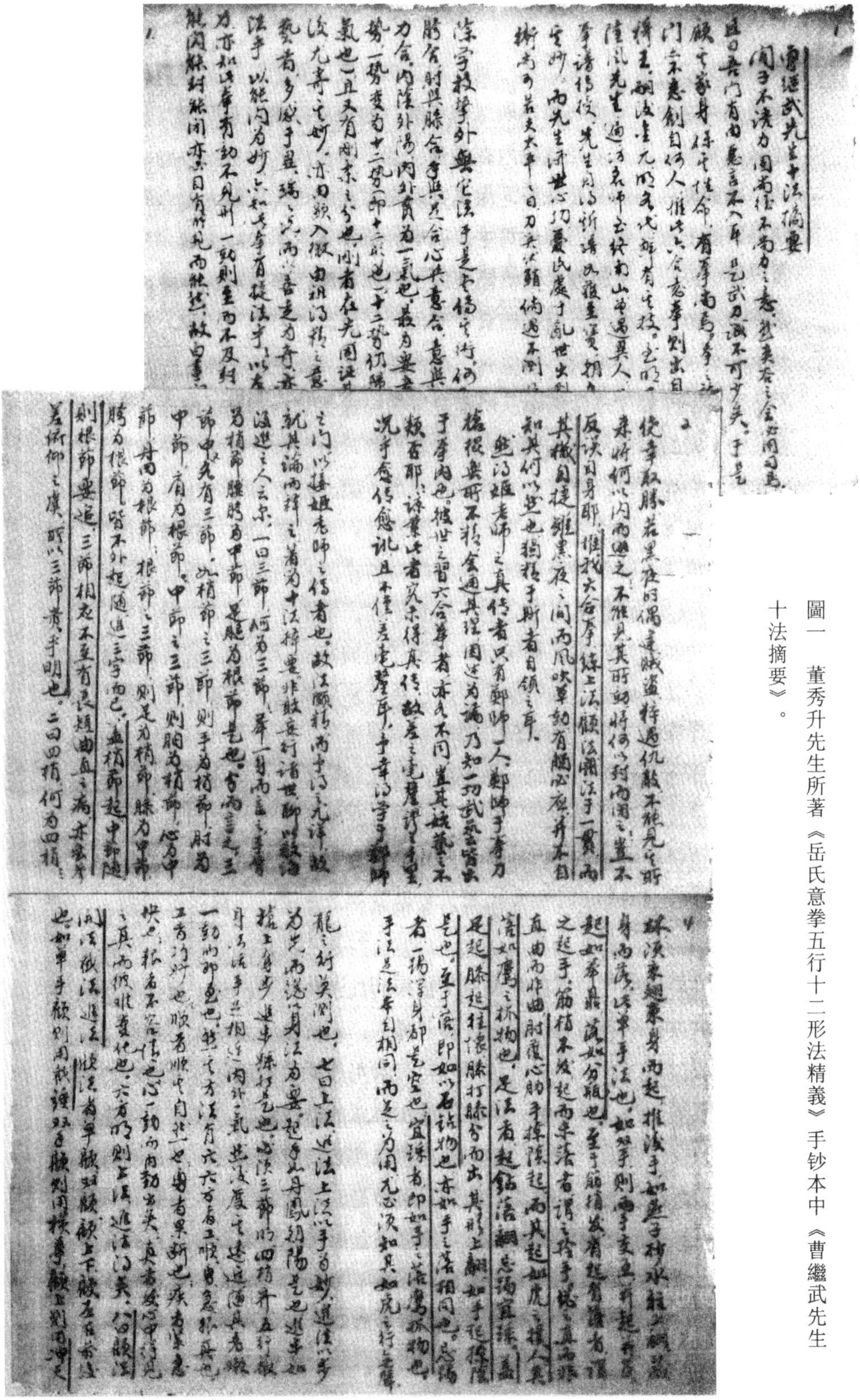

圖一 董秀升先生所著《岳氏意拳五行十二形法精義》手钞本中《曹繼武先生十法摘要》。

黑夜之間，而風吹草動，有觸必應”。實際練上法、顧法、開法於一貫，説其機自靈，其動自捷是可以的，如果説在黑夜之間“有觸必應”，則這個“應”的效果，輿形意拳比，會有很大差異。我們知道未精練内在的神、意、氣和内勁，是不可能有觸即發的。在戴龍邦以前的心意拳，尚未究及這方面的技術。因之説今天練形意拳仍以練上法、顧法、開法爲主，就等於舍本逐末了。該文講“三節”時説“蓋梢節起，中節隨，則根節要追，三節相應，不至有長短曲直之病，亦無參差俯仰之虞，所以三節貴乎明也”。所説“三節”的起、隨、追與形意所要求的“腰催肩、肩催肘、肘催手”“腰催胯、胯催膝、膝催足”的這種“三催勁”是兩碼事。一個是以梢節爲主，一個是以根節爲本，這是截然不同的兩種勁路和技法。形意拳要求練丹田内勁，發揮“拳打三節不見形”的威力，没有“三催勁”而單憑起、隨、追的發力方法，是無法求得的。該文講“四梢”只着眼於外形的發動，而形意却講“驚起四梢”，所講的“驚”，就是還要發揮它内在的精神作用。不難看出兩者技法内涵是不同的。該文講“起落”雖分手法、足法，但突出表現在使用招法上。如雙手“起如舉鼎，落如分瓶也”，又“肘護心肋，手撩陰起，而其起如虎之撲人，其落如鷹之抓物也”。講足法的起鑽落翻：“蓋足起，膝起往懷，膝打膝分而出，其形上翻，如手起撩陰是也。至於落，即如以石鑽物也。”講踩如“宜踩者，即如手之落，鷹抓物也”。這些和形意拳所講的涵義，相差極爲懸殊。形意拳講“起横不見横，落順不見順”是顧中有打，打中有顧。講“起是去也，落是打也，打起落如水之翻浪”，這正是所要求的竅要。只有掌握了它，才能求得形意精華。“摩挲勁”與“以石鑽物”和“鷹之抓物”，則毫無相似之處。形意拳講踩是“脚打踩意不落空”，是爲了追求“卷地風”“鐵犁翻地”拔根的技法和威力，與“鷹抓物”之説又相差何遠？兩者同講“起落”和“踩”，而技法涵義却大不相同了。該文講“顧法、開法、截法、追法”等，又講用什麼“截錘”“掃錘”，用什麼“衝天炮”“掃地炮”等，這和形意拳的動作名稱，亦無共同之處，當然勁路和技法就更不一樣，無法參考，也没必要用來參考。至於“内勁”文中謂“殆實粘勁也”。所謂“粘勁”與形意的“翻浪”“抖擻”“炸”等内勁，更無相似之處。所以説研究形意拳參照《心意六合拳譜》的《十要》或參照曹繼武的《十法摘要》都是不適合的。至於心意拳昔時已被視爲絶技、秘傳，自有它不同特點和發展方向，而與形意拳兩者雖一宗所始，却已衍變分歧，故不該再把兩者混爲一談。如果研究形意拳還引用衍變前的技藝就不太適宜了。

還有一種傳自山西戴家的《六合拳譜》，這是李洛能先生創立形意拳理論的藍本，内容與傳自河北的附有戴龍邦作《六合拳序》的《形意拳譜》多有相似之處，但在步法上，如坐盤步、人字步等，單式練法上如七炮、七膀等，有許多已不爲形意拳所采用。許多動作和套路以及它們的名稱和實質，亦多改變，有的雖音同而字異，内容也不一樣了。因之，如無選擇地引用，也會造成混淆。一句話，就是技法和内容都變了。

只有傳自河北、附有戴龍邦於乾隆十五年作《六合拳序》的這個手抄本《六合拳譜》稱《形意拳譜》，也有稱爲《岳武穆王拳譜》的，才是唯一正確的形象理論的指南。該譜除尚保留戴家的《六合拳譜》部分内容外（見圖二），又增加了許多技術理論。雖然文字淺顯，但多有隱諱，而内涵深邃。如“起落鑽翻”雖同一用詞，却有顯著不同的技法涵義，因之，不求明師指點，不經過長時期的實踐體會，是難於理解的。如按其他拳種的技法去解釋它，或從字面上去領會它，都必然産生差誤。在這方面我們必需虚心審慎，以免誤入誤己。可惜的是，這個拳譜由於輾轉傳抄，譜文錯誤很多。有的是對譜中技術不識、不懂而誤抄，或遺漏；有的是在傳抄中憑個人認識和需要，就擅加增減或修改，這都是造成紊亂的原因之一。這個譜不僅内容有異，就是戴龍邦寫的序文，也出現了兩樣。這顯然不是傳抄中筆誤所致，而是有人特意修改了的。河北的傳抄本，也是自李洛能先生起，河北這支先賢、名家們過去一再引用的，甚至日本鬆田隆智等所引用的都是“獨我姬公名際可，字隆風，生於明末清初，爲蒲東諸馮人氏，訪名師於終南山，得武穆王拳譜，後授餘師曹繼武先生於秋蒲，時人不知其勇……”這樣寫的序文。由這個序文可以證明，第二代傳人就是曹繼武。而這個序文，多見於用毛筆抄寫的老譜，編者也曾見過許多本。但其後又見太谷董秀昇先生所著《岳氏意拳五行十二形法精義》，所録的《岳氏意拳原序》（實即《六合拳序》）（見圖三），則改爲：“獨我姬公名際可，字隆風，生於明末清初，爲蒲東諸馮人氏，訪名師於終南山，得遇異人，以岳武穆王拳譜傳授，磨練數載，盡得其妙，後將其技悉傳於鄭師，鄭師又授餘師曹繼武先生於秋蒲（安徽池州），時人不知其勇……”董先生把原序的標名改了，説明他不是原文照抄，并在序文之後寫有“時在乾隆十五年歲次庚午荷月山西昭餘戴龍邦書于河南洛陽馬公書室”和“中華民國二十三年六月下旬山西太谷董秀昇録於省垣之寄廬”，更説明他不是泛泛地抄録，而有自己的見地和修改，并表示負責，才這樣注時留名的。同時發現該書還録有《曹繼武十法

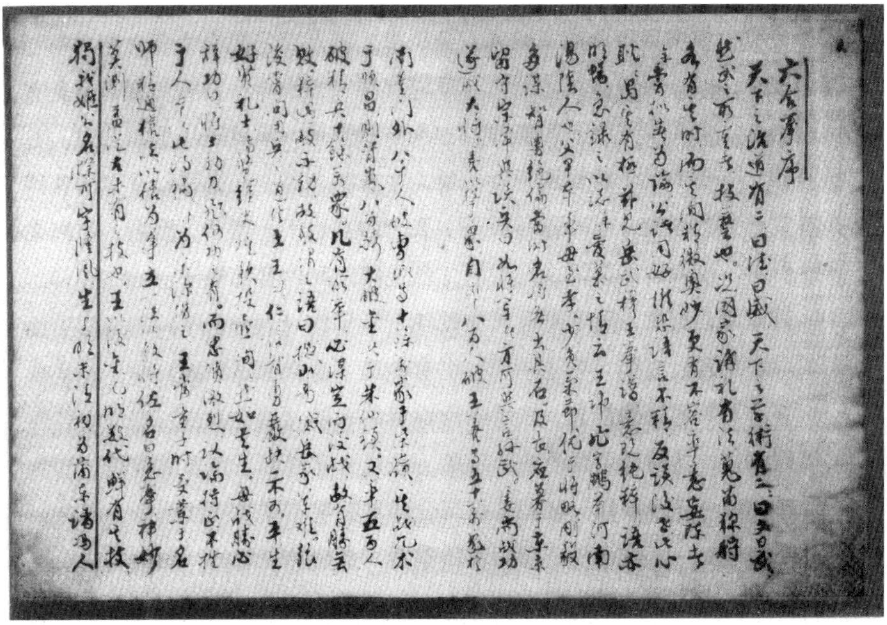

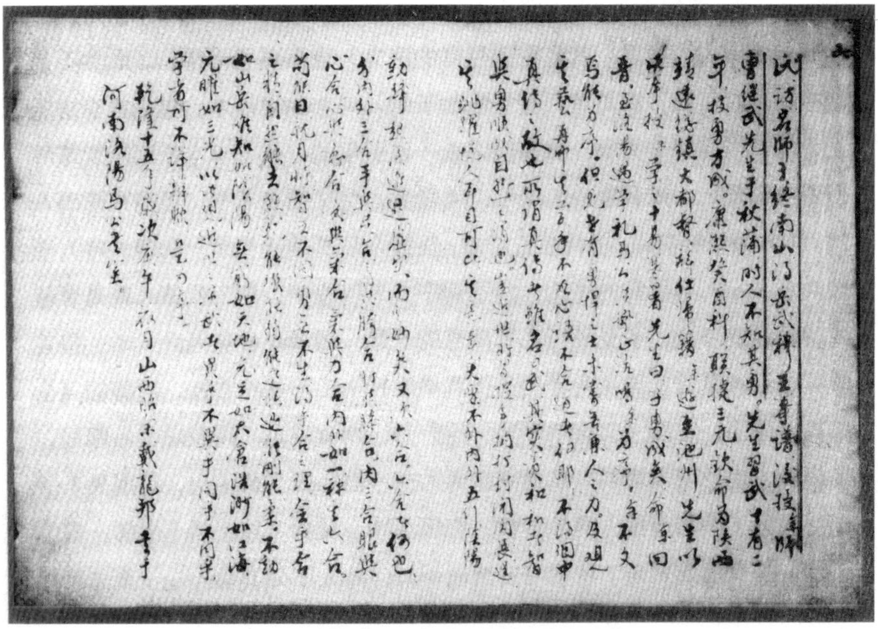

圖二 《形意拳譜》手抄本中所列戴龍邦先生所寫的《六合拳序》。

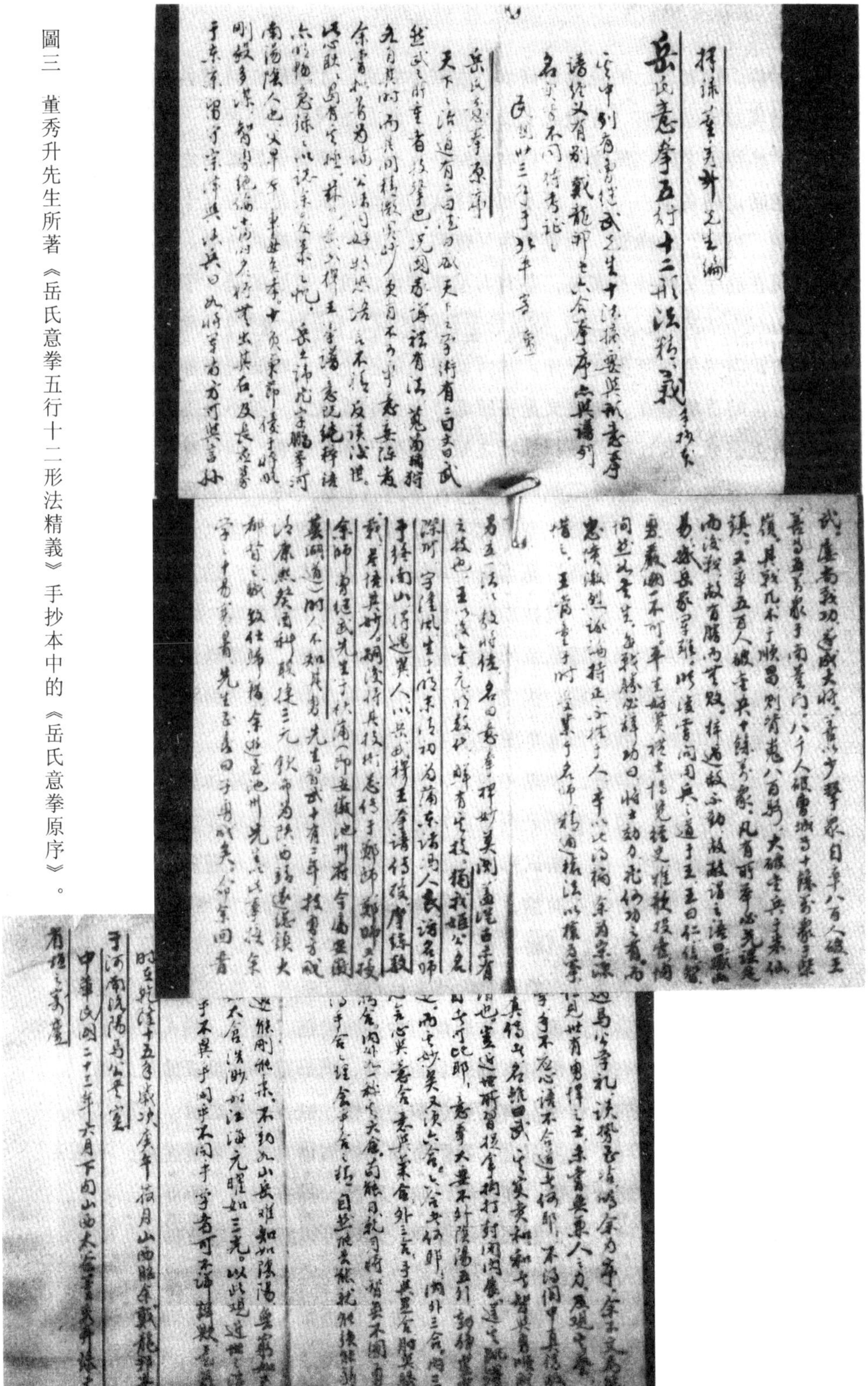
董秀升先生編

岳氏意拳五行十二形法精義

圖三　董秀升先生所著《岳氏意拳五行十二形法精義》手抄本中的《岳氏意拳原序》。

摘要》，而在這《十法摘要》一文中載有："然得姬老師之真傳者，只有鄭師一人……予幸得學於鄭師之門，以接姬老師之傳者也……"，這才明白序文的修改，是源於《十法》中多出個"鄭師"的緣故。而董先生又確信《十法》是曹繼武所著，因之如是。現在該序又傳抄甚廣矣，并有人用來作爲佐證。可疑的是：序文異説，是因《十法》，而《十法》又出於王自誠的《六合十大要序》。而王文是在康熙癸酉年聯捷三元，曹繼武當大都督後的四十年，時間間隔并不長，説不定當時曹還健在，如該文是曹所著，而王引述該文，敢不直屬曹名，既可避免剽竊之名，又可獲得標榜之榮，何樂不爲？還有，向以尊師敬藝的曹繼武先生，對受業十二載的老恩師，在寫《十法》時，既揚師道，爲什麽連老恩師的大名、藉貫和身世都不作交待？真是豈有此理，這《十法》是否出自曹手？這"鄭師"是否確爲本宗？都是令人懷疑，姑且棄而置疑，待武術史家們去考證。就技術論，從上述各老譜的情况看，説明問題是够複雜的，讓人們眼花繚亂欲學無所是從。同一拳譜，而譜譜抄的不同；同一序文，而又異説兩樣，因之，切不可見之即爲實，總該對照比較一番，以免訛學傳訛。我勸形意拳愛好者可不能不明察焉。

此外還有的拳經、拳譜和書文，對我們鍛煉身心，養功養道也都是有益的，可供參考。但多不是假借古人之名，便是故弄玄虚，也確實讓人遺憾而頭疼。像《岳武穆九要論》肯定是練心意拳人編寫的，也煞費一番心血，也確對練武有益，可惜偏借岳飛之名，因而大煞風景。再如《内功經》《納卦經》《神運經》以及《地龍經》等，對内外兼修確有補益，并經宋世榮先生愛而傳播，但據客觀史實，并究其功法内容，可斷言之，既非達摩、岳飛所著，也非形意拳門中一脈所傳。當然，前人著作多爲可貴遺産，學悟有益，但也有個别言過其實，把形意拳法説成仙道之術，確不可取。縱觀前人和今人有關形意拳法著作，概多一家之言，其間又多有不同，甚至相互矛盾，因之，我們應該不被假借古人之名所迷惑，不被故弄玄虚、神秘化所影響，要多做比較、辨證，擇宜而用，不能人云亦云，貽誤自己，有害後人。大家都能這樣做，起碼可以减少"以訛傳訛"的危害，更有利於個人學練的提高。

余與芝蓉寫此書，不畏"怪論"之譏，但願供人推敲，所寫雖純爲一家之言，但能揭人不揭之秘，言人不言之言，因之或"有可貴之處也"。

二　尚氏形意拳的特點

這裏所講的特點是和一般有所不同。但就外形、勁路、内意以及所講之理義,却悉合拳經所指。因之這些特點實際并不該説是尚氏形意所獨有。如果求道藝之真,究技術之實,應該承認它是形意所固有的技藝要旨,只不過尚雲祥先生能以探賾抉微的悟索精神,究其所以;以真摯育人的嚴、正師德,認真教導,才得以傳留下來。惜我輩業餘愛好,智愚功淺,未能競得全旨,實亦此生之最大憾事也。但僅此點點,亦足以指迷啓昧,意趣彌深,在求藝練功的道路上少走了許多彎路。爲了避非議他人之嫌,僅以尚氏形意拳的特點陳述之。

武林中人向以尊師敬藝傳爲美德,這一尚德精武的高尚傳統品德,是必須保持的,但因之産生的有礙精進的思想障礙,該勇於剔除。例如:"先入爲主",易於自重排他,影響納新提高;囿於"師榮生貴",礙於面子聲譽,又難於見高謙學。因之我們在技術上,想學有進益,必須以科學的客觀態度,擇善而從,抉微專精,乃能有得。文彬與芝蓉,破除保守以揚師藝,以一得之愚以供同好參考。但亦願廣大讀者莫認爲不同於一般,誤視爲異説怪論,而致一葉障目。如大家真能拋開派别、師承等成見,對本文進行客觀地研究比較,究是一家特點之言,還是形意拳普遍真理?自會明鑑。能擇宜而用,或有益於形意拳法之發展和提高。詭而不詭,怪而不怪,去其糟粕,存其菁華,拳經道理自明,使用效果更佳,何樂不爲?但能如此,則著者寫本書之願得償矣。

特點分列如下:

一、樁功有抻筋拔骨、静中有動的特點。

尚氏形意拳的樁功,以三體式爲主,除有增强體質,爲技術築基的作用外,還别具技擊内涵。武術諺云:"筋長力大,肉厚身沉",正因爲通過鍛煉把肌腱抻開,才能使關節靈活,肌肉伸縮力大,尤能增加彈性和爆發力。運用到技擊上,才能收放迅速,抻得長,放的遠,打擊力大。尚氏三體式樁功,雖在静態中,却突出地强調這"抻筋拔骨"隱形於内的内涵作用。這正是構成尚氏形意動作開展靈活,發勁迅猛剛實的基因。實際這一特色是從站三體式樁功就開始得到訓練。

經云:"静中之動謂之真動,動中之静謂之真静。"以武術技法來講,静中無動,就等於有形無意,空勢無備。鍛煉樁功爲全面的築基功夫。這是内外和體用兼修,使之按技術要求掌握好正確的外形姿勢和動作,以及追求内意的訓練,使之從静中求動,向意動氣行、氣沛周身、動静一氣、形神一體的高級階段進軍,達到"拳無拳,意無意,無意之中是真意"

的妙境。因之尚氏三體式樁功又突出强調這“静中有動”的無形無相的内涵技擊作用。實際這個“静中求動”的“動”就是“意”的訓練,也是神與氣的内涵和内勁的培育。因之這個“動”不僅要“求”,而且必須要“有”,故突出强調“静中有動”。由於這種内在的精神作用,對中樞神經起到良好的調整和保健作用。加上在抻拔鍛煉中,肌肉的運動使血液流暢,供養增多,加强了組織細胞的新陳代謝,故有較好的健身體療作用。説練三體式是變化人的氣質之始,正因它不努拙氣,不用拙力,而在沉静自然中按規矩操作,從而使肌體和精神都得到全面鍛練。

對上述“抻筋拔骨”和“静中有動”兩項特點的表現和作用分述如下。

(一)“抻筋拔骨”的表現和作用。

1. 頦收頭頂和氣沉丹田,這是對身軀上下的抻拔。是利於上通三關(周天督脉的尾閭、夾脊、玉枕),下固靈根(丹田)。

在“龍折身”中的順胯、擰腰,是對身軀擰轉的抻拔。它會助長丹田的發勁,并貫達於四肢。

2. 拔背、沉肩、墜肘是對上肢臂部的抻拔。特别是肘的裹裹而又下墜,使肘窩朝上,在手掌俯扣正確的條件下,使肩、肘、手三點在一條直綫上,并要舒展抻長。這樣,則擰抻力大,“三催”(腰催肩,肩催肘,肘催手)的勁整。加上内意的配合,會使氣貫梢節,手會有麻脹感、熱流和氣感,以至指關節時而有吱吱響動(手可摸到)。

形意出拳時,要求“明了三星多一力”。不僅肩窩、肘窩要抻開,連攥拳所出現的腕窩也要抻開。而站三體式樁功時,前手雖是俯掌,但要掌心回收,掌指前頂,虎口撑圓,同樣具有抻腕之意。在這樣技術規矩要求下,雖是用意不用力,却能促進“三催”勁整,氣貫梢節,勁達於指。因而使内勁放得長,打得遠,助長發勁的彈性。

3. 兩腿彎曲,前三後七,形成“夾剪”,這是下肢腿部的抻拔。前腿三成勁,後腿七成勁。特别是前脚尖朝前,前膝亦向前微挺,而整個腿却要向裏收夾。而後脚尖外擺(與前脚成 45°左右夾角),後膝却要裏扣(使膝尖接近前方),這樣就使前腿與後腿形成既可靈活、而又沉實的“夾剪”勁,不僅對踝、膝關節,就是對脛、股肌肉,也都起到極大的抻拔作用。因爲膝關節反應比較敏感,故在站樁中,也會出現吱吱響動(手可摸到)。

尤其是後膝的裏扣,配合上體“龍折身”的反擰,形成腰胯間的抻拔。更增大上肢前鑽，下肢前趟、後蹬之勁，也大大助長腰部發勁的威力。

莫道上述這些抻拔要求，表面上顯不出有什麼特殊之處，但却能給周身一體、丹田發勁、打長放遠和迅猛剛實帶來莫大的技擊實效。這也正是尚氏三體式爲培養技擊實效的精微内涵之一，也可以説是站三體式的神髓之所在。

（二）"静中有動"的表現和作用

經云："静爲本體，動爲作用""静中之動謂之真動，動中之静謂之真静"，動静同理，體用一源。而站三體式樁功，既講體用之效，又究動静之理。故而，它是從"静中求動"開始的。不真動就談不到知"意"，不真静就談不到知"性"，静爲性，動爲意，不静則真意就不能發動。真意能動，才會"妙用則爲神"。故形意拳要求練形神合一，進而追求"虚報静篤時，則還於先天本性""寂然不動，感而遂通，無可無不可也"的高超境地。而這些追求又何嘗不是用意來引化神氣而求得技擊上的妙用。而三體式正是爲了發揮動静和體用之作用而築其基，也是"静中有動"内意鍛煉的開始。它的表現和作用：

1. 内視筋骨、意注上肢梢節，在沉肩、墜肘的配合下，掌指就"有動"，有麻脹感，有熱流和氣感，以至指關節時而有吱吱響動。雖只用意不用力，却能力貫掌指，氣貫梢節。

意注下肢，在前膝挺，後膝扣，又在"龍折身"的配合下，膝關節就"有動"。有酸痛感，有熱流和氣感，以至膝關節時而有吱吱響動。這樣就能使下盤根固，後腿蹬進力大，還可氣貫"涌泉"，亦可治療關節炎、寒腿等疾病。

2. 調息歸根，意注丹田，小腹就"有動"。有熱流和氣感，會使丹田真氣逐漸充盈，因之體强、根固，内勁中生。津多咽之，意引丹田，會有腹鳴，咕嚕聲直下小腹，會覺腹腔鬆暢，氣順腹實，更有益於内臟和腹腔疾病。這就是所謂"練丹田之氣""丹田久練靈根本"，亦即"固靈根""真氣退藏於密"，也就是所謂"元神元氣"相合，由無而有，由小而大，一氣之動，發之周身。也是使内勁的形成和發動有根。尚氏三體式正是從静中求其動，得養練之始。

當通過動作和套路的鍛煉，當做到"上下相隨，内外合一，周身完整一氣"，把明勁打好，練到剛健之至時，則"剛至柔生，柔極自化"。這時站三體式該提高要求，則要做到以下第 3 点。

3. 以“悟靈性爲至上”，用“神意氣合於丹田，連化周身，無微不至，感之遂通”。這則是尚氏三體式樁功最後從“静中有動”而至“動中有静”所要追求的高深造詣，到此境地自會“無處不有，無時不然，觸之自應，不思而得”，則“拳無拳，意無意，無意之中是真意”的妙境，自可得之。這也是尚雲祥先生爲内外兼修，體用并重給我們指出向高超境地進軍的階梯。

二、繼承并傳留了“趟勁”特長，體現出“脚打七分”的特殊技法。

經云：“脚打踩意不落空，消息全憑後足蹬，與人交勇無虚備，去意好似卷地風”“挣崩摘豆角，犁摑五趾頂”“脚打七分手打三”。這些拳經要義，突出一點，就是要求練形意拳必須練出上步的前趟、後蹬之勁。這不僅是形意拳進步快而遠的特點，而且是如犁翻地，能把對方拔根抛出的絶技。惜此技法知者甚稀，乃致對上述拳經要論，多有曲解，失去真意。惟尚氏形意所練上步之勁，仍保存并傳留了這一絶技。正因爲先生藝高而德隆，既珍視絶技，又能教必擇人，肯於真摯地留給後人，怎能不倍受武壇崇敬。

所謂“去意好似卷地風”，就是要求把上步的“趟勁”練成像摧枯掃殘的卷地勁風，既猛又快。“犁摑”，就是要求把“趟勁”練成像鐵犁翻地一樣，勁大力實，拔地而起。利用上步所發揮的“脚打”，能如此勁大迅猛，用在技擊上，自然比手的作用力大得多，因之才有“脚打七分手打三”的提法和要求。尚先生晚年所練、所教凡是上步都强調要練出“趟勁”來，因之對形意拳這一絶技，起到繼承和發揚作用。習之功到，乃知“卷地風”這一“脚打”的深切涵意。也就進而掌握到“脚打七分”的真勁。因之，磨練這一技法，乃成爲尚氏形意拳的顯著特點之一。

三、動作打顧一體，舒展靈活。

尚氏形意拳的出手入手，突出强調“肘不離肋，手不離心”，乃是形意拳主要顧法之一，是利用上肢以護心、肋；但又是打法中主要的蓄勁動作，爲使臂借身勁而勁大，身借臂勁而得發。腰催肩、肩催肘、肘催手“三催”之勁得以有蓄而發，起着事半功倍的作用。“出洞入洞緊隨身”則是“虎抱頭”的具體運用，小臂裹抱於頦下，既是保護頭、胸之“顧”，又是發揮“擰裹墜”，以蓄力待發之“打”。正是打顧一體。

在出手發勁上，則突出强調“起横不見横，落順不見順”的要求。而“起横不見横”中的“横”是“顧”，用時在“不見横”中就含有勢正勁順之長，就可用於“打”。“落順不見順”中的“順”是“打”，用時在“不見順”中就“横裹”之勁，見來手即可用於“顧”。且“起與落”“横與順”本身就包括“順中有逆，逆中有順”，即相輔相成，又“打顧”如一，因之它既是“顧中有打”，也是“打中有顧”。尚氏形意既嚴於要求進行平素鍛煉，則習之功到，用必自如，故形成了“打顧”一體的特點。

武術動作在運動中，能保持周身輕鬆、自然、不努氣，又絲毫不用拙力，才能身手不滯，舒展靈活。只有四肢舒展，周身順遂，才能練好動作，找到每一動作的應有的獨特技巧。以至練功、找勁，向高級階段邁進。在樁功練“抻筋拔骨”的基礎上，於練動作時再能舒展，自然就會身手運用自如，由柔和入剛實，而致抻得長，放得遠。所謂“先求開展，後求緊凑”，正是爲了打好剛勁轉入柔化創造前提。因之，尚氏形意在做動作時，要求周身、四肢鬆開，但要處處合乎規矩，使勁意充沛，無處不到，神氣内斂，歸入丹田，因而使動作做得既舒展靈活，又沉實勁整，并會氣勢奪人。至此對什麽“遠近一丈步位疾，兩頭回轉寸爲先”“我在場中無定勢，或把或拳望着就是”“不知進退枉學藝，不知起落枉伶俐”“能在一思進，莫在一思存”“若遇人多三摇兩旋”等，經義對機動靈活的要求自可意到步隨，身手如一，無往而不得也。

四、發勁迅猛剛實，體現出“火機一發物必落”的技法。

尚氏形意最顯見的特點，是在動作和發勁上既迅猛又剛實。因而同儕們説：“練不出迅猛剛實的爆發勁來，就不能説是剛勁練到了。”尚雲祥先生年過古稀時還説：“我再有三十年陽壽，就再打它三十年剛勁。”這句話的涵義，可惜真正理解的人并不多。但確實是顛撲不破的真理。是先生專攻形意拳，歷練一生，從實踐中得出來的不同一般的經驗總結。人們大多知道先生藝高望重，不畏强暴，一生比武的事極多，甚至不勝枚舉，因而名揚武壇。可是人們却很少知道先生原是個身材矮小，體單力薄的人。李存義老先生曾認爲先生不是個練武的材料，因而最初投師，老先生竟至不肯收留。而先生就是這樣從身體條件不好中硬練出來的，而求得的真知。先生説的那句話，實際是自身的體會，又是自我的鞭策，决不是紙上談兵。因之我們不能不承認它的實用價值是大的，也是很寶貴的。

因爲形意拳發勁制敵的基礎是講“硬打硬進無遮攔”的。先生説“硬打”就是不管對方是動、是静，動也打，静也打，不管對方是剛、是柔，剛也打，柔也打，不借慣性，不借他力，遮也打，攔也打，沾着就發，這才叫“硬打”，才算真正有發人的本領。要想做到這樣，就必須先打好剛勁。不努氣,不用拙力,從自然、和諧中練出完整的剛勁來。再把剛勁練出迅猛剛實的"爆發勁"來,才能達到"起如風,落如箭,打倒還嫌慢""起如箭,落如風,追風趕月不放鬆"的打法要求。才能使内勁逐漸充盈,打得實,放得遠,勢如奔雷。有了這種疾用驟發、迅猛剛實的爆發勁,才算得到了不借外力,自身發勁,沾着就有的本領。有了它才體現出形意的真勁,"火機一發物必落"的技法要求。故先生雖已步入柔化的高超境地,仍在充實自身發勁的真本錢,不斷苦練剛勁。教人也是這樣,因之形成發勁迅猛剛實的尚氏形意拳風格。盡管有些門人已經掌握并善於運用屬於暗(柔)勁精華沾身縱力的翻浪勁(即人們叫摩挲勁或劃勁的),也仍然練剛勁,時而找找柔、化之勁,只要這樣做,就感到相得益彰。因之,這已成爲尚氏門中的風尚,不這樣就好像不過癮,不這樣也不長勁。一句話:"練不出迅猛剛實的爆發勁,手到對方身上就没有'想打就能放'的威力。"實際是不是這樣?讀者通過自己的實踐,會得到明確的答案的。

五、内勁充盈,催"三節"驚"四梢"。

練形意拳的内勁,有"返先天"之說。因之做動作,就必須輕鬆、和諧,任其自然。不努氣,不用後天拙力,從虚靈自然之中,把形體調整好,把身外散亂之力,消融歸一,隨同把身外散亂之神、氣,按拳術之規矩,納入丹田,與先天真氣交融,成爲渾元一體,由微而著,而能逐漸充實,運化於周身,則融融和和,無微不至。以之應用,則無處不有,無時不然,便形成形神相合,體用一源的内勁。用現在的話說,就是使肢體上下相隨,意、氣、力融於丹田,能運之周身,逐漸形成内外合一,完整一氣,這便是體用一源的内勁。從形意拳的三步功夫來說,基礎打不好,剛勁不完整,是培養不出内勁來的。它在運用中是以腰爲主宰,運之周身,内勁通靈,則玄妙自生。尚先生教練形意拳,所以着重練功,找勁,練的就是形神合一,找的就是體用一源的真勁。不講形式,不講招法,專講找勁,故練出來自會形神完整,内勁充盈。

尚氏形意所表現的形神完整,内勁充盈是和嚴格掌握和運用催"三節"驚"四梢"分不開的。經云:"拳打三節不見形,如見形影不爲能。"講"三節",練形意拳的都知道,軀幹、臂、腿無處不分根、中、梢三節。臂的肩、肘、手,腿的胯、膝、足,又分爲根、中、梢三節。這"三節",如合而爲一,腰爲主宰,就可使通身一體,完整一氣。如分而爲三,又各有所司,各起各的作用。所謂"拳打三節不見形",絶不是拳打被截再用肘,肘打被截再用肩。那是用招的打,又是見形的打。應該是利用"腰催肩,肩催肘,肘催手"的"三催"勁,手被截,肩、肘仍催,在被截處發勁打之。這樣的"變勁不變手"就"不見形",就"被打不知不見",這就是我們所要追求的"拳打三節不見形"的奧妙所在。意、氣、力融於丹田,又發自丹田,運之"三節",在這樣的技法支配下,自然三節合一,節節貫通,通身各個"三節"都能如是,自然身形、勁路會成爲完整一體,內勁會逐漸充盈。

講"四梢",即毛髮爲血梢,指、趾甲爲筋梢,齒爲骨梢,舌爲肉梢。四棺的發動,既叫"驚起",說明它主要靠精神振起的作用。亦即"意有所感,神所施也"。如經云:"怒髮衝冠,血輪速轉""舌卷氣降,雖山亦撼""虎威鷹猛,以爪爲鋒""有勇在骨,切齒則發"。這些說法,都說明了"四梢"的精神威力。平時鍛煉,能時刻在意,神之所至,自會氣勢凌人。通過頭頂、舌頂、齒扣、指扣以長其威。這樣運用到技擊之中,自會大增摧敵之勇。因之尚先生教練形意拳强調"神"的運用。以驚起"四梢"之神,還有發動內五行之"神",與身形、勁路相結合,就構成形神完整,內勁充盈這一特點。習之以恒,操之自如,哪怕是疲憊不堪之時,能以操練,會立起精神。不論用於禦敵,還是健身,自然都會起到可貴的作用的。

六、獨精鷹捉,并發揮劈拳的特殊作用。

練形意拳的第一趟拳,起鑽是拳,落翻變成俯掌,形成三體式的這趟拳,人們叫它"劈拳",而尚先生叫它"鷹捉"。這樣叫是有道理的:1.它是掌,不是拳,就不能叫拳。2."劈拳之形似斧屬金"是拳經的定論。它既是掌,又是俯掌,根本無似斧之形,更無法練出似斧之勁。與拳經所要求的劈拳勁根本不符,這就說明它不是劈拳。3.經云:"出勢虎撲,起手鷹捉。"即然提出起手動作是鷹捉,而五行、十二形等拳的起手,又都用的是它,所以應該管它叫"鷹捉"。論起這趟拳,說來很平凡,練形意的人都會,但是不好練,甚至有一輩子吃不透,練不到的味道。爲什麼?這就得從形意拳的勁追究起。形意拳竟有什麼勁?廣義來講,五行、十二形,一種拳一種勁,甚至一種拳包含幾種勁。而形意拳獨具特色的,最根本的勁,却在於起落、鑽翻。故在拳經中對起落、鑽翻的技法講了許多許多。甚至提出"不知起落枉伶俐"的警語。說明"起落"在形意技法中的重要性。如果把"起落"簡單地理解成是動作的起伏,就大錯而特錯了。而形意拳起落的精華就體現在"摩挲勁"上,也就是人們很少知道的"翻浪勁"。而"鷹捉"正是練這種特殊勁的基本拳,故稱它爲“形意母拳”。經云:“起爲鑽,落爲翻”“起是去也,落是打也,打起落如水之翻浪”,如果對“鷹捉”的起落、鑽翻不理解,就談不上領會形意拳的真諦。正像尚先生所説的:“不懂起落,就是傻練！只能鬧個好身體,没法領會其中的竅要!”這話確實是揭形意拳之秘,是啓發和激勵後學者的甄言。因之在尚氏門中把“鷹捉”視爲開啓形意拳奧秘之門的鑰匙,是陽剛步入陰柔,掌握剛柔相濟,沾身縱力技法的竅要。故而千錘百煉地苦練和鑽研它。正因爲五行拳之外,比别人多出這一趟名叫“鷹捉”的拳,而又特别重視它,因之説獨精“鷹捉”可稱爲是尚氏形意拳特點之一。

經云:“劈拳之形似斧屬金,内通於肺,外達於鼻。”尚先生所教的劈拳和鷹捉的動作基本相同,只是把落翻的俯掌變爲立拳(虎口朝上)。莫道這外形由掌變拳,差别不大。但結合到意與力的運用,則變成截然不同的兩種内涵。“鷹捉”的掌是通過鑽翻,以發揮它的“摩挲勁”。而劈拳是以前小臂作爲斧刃,通過鑽而劈發揮它似斧前劈的勁,顯然,兩者有鮮明的不同。特别可貴的是,劈拳發勁的着意點,不在拳和肘的關節上,而是在兩關節之間的小臂上。這不僅是頭、肩、肘、手、胯、膝、足七拳之外,又多出一拳。而且是超越用關節突出處打人發勁的武術技法慣例,起到了它在技法上具有特殊涵義的作用。

七、還有些説法、練法與一般不同之處。

除上述“鷹捉”與劈拳外,還有一些動作和理論與一般不同的,但與拳經對照,還是很有道理的。擇述於下,供讀者研究、參考。

(一)五行拳的順序。人們練五行拳,大多數是按金、木、水、火、土形成劈、崩、鑽、炮、横的順序來練。而尚先生則不然,先生説:“講五行,就得講‘生剋制化’。練五行拳即爲治病、健身、變化氣質,提高技術,就得按五行相生的道理來做。也就是按金生水,水生木,木生火,火生土的道理,形成劈、鑽、崩、炮、横的順序來練。就中醫來講,按五行相生對身體才有好處。就練功來講,能内外兼修,才對體用更爲有益。總之,不論是練拳還是治病,都應按五行相生來做才是。否則,鑽與崩的順序一顛倒,就出了問題。因爲,劈屬金,崩屬木,相連地練,便形成了金剋木;鑽屬水,炮屬火,又形成水剋火,既不相生,反而相剋,講五行却又違反生剋的規律,從道理上是講不通的,當然效果也就不能理想。”

説起來中國的陰陽五行之説,是樸實的唯物論,國外亦多知之。而且中醫更是按陰陽五行之説辨症治病的,尤爲國外炎黄子孫所熟知。

中國武術要推向世界，形意拳也早爲國外武術愛好者所熟知和學練。而近代人教學或著作中，也常講五行的生剋，也講五行某拳屬什麽，練它對五臟哪部分有好處。可是練的順序不對，道理就講不通。將來外國人追究起五行拳的健身和生剋的道理，我們就不能自圓其説，豈不有損中國古老文化之光彩?！應該把順序糾正過來。這不應該礙面子受什麽身價虛榮的影響。

（二）鑽拳，是屬於五行拳之一的。一般有兩種練法（主要不同在手上）。一種是前拳只向内翻轉（腕部向裏下扣），撤回腹前（掌心向下）同時後拳經胸由嘴前順前拳上鑽出。兩拳如此交替進行。另一種是前拳先變掌，當後拳由其上鑽出時，再握拳向内翻轉（腕向裏捋扣）也撤回腹前（拳心向下）。這兩種練法皆與尚先生所教的不同。

經云："鑽拳之形似電（似閃）屬水，内通於腎，外達於耳"。無疑是要求象形取意的。説鑽拳似電就不是指的快慢，而是指的形象。古時説電，就是指的雷雨天的閃電，故又有"似閃"之説。那就是説鑽拳在動作上是有似"閃"之形的。説它"内通於腎"，它就是有助腎腰的動作和作用才是。而尚先生所教的鑽拳，當前脚向前墊步之前，先收回半步，同時將前拳變掌向胸前勾回，待前脚向前墊步時，同時將勾回的掌繼續向體旁，向前上方擺抖成立掌（虎口撑開，掌心向前），當後拳經胸由嘴前順前掌上鑽時，前掌同時變拳向下，向裏扣擄，并翻擰，撤至臍旁，拳心向上。這個練法的前拳變掌後向胸前勾回，直到向前上方擺抖，這個連貫動作就有甩臂、抖腰的勁，既有"似閃"之形，又有活腰助腎之功，還有獨到的裹裹之勁。是符合拳經的要求的（詳見鑽拳圖解）。

（三）鮀（依傳統用原字）形拳，是屬於十二形拳之一的。一般説學"鼉"是指"鼉龍"，又叫揚子鰐，也叫"猪婆龍"。我們知道馬學禮和戴龍邦所傳的十大形中早就有個"龍形"，當然没必要再學其他什麽如龍之類的動物了。是李洛能先生又創添了兩形，此是其一，共成爲十二形的，傳於河北以後更普傳開來。我們看看傳自河北的、附有戴龍邦寫《六合拳序》的手抄老譜，寫的不是"鼉"而是"鮀"。説它有"浮水之精"，并註明即"剪子股"。"鮀"與"鼉"就有了很大出入。尚先生説："學鮀形，一般不知道它是什麽東西，認爲鼉龍的'鼉'很兇猛，有人又説它是水族中身體最靈的，就誤以爲是學它了。其實'鼉'是鰐魚，它并不是水族中身體最靈的，要説它笨還差不多。它是游水而不是浮水，是身在水中，只是頭、背上半部露於水面，而且是向前直綫游進的。它的爪子是大巴掌型的,并不輕靈。而'鮀'老譜註明即'剪子股',又叫'香油',也有叫'賣油郎'的,動物界稱爲'水上遊客'譯音名叫'銀蘆'。既被稱爲'水上遊客',説明它才真正具有'浮水之精'。我們所要學的正是它,而不是學兇猛的揚子鰐'鼉'。"尚先生還説:"鮀是灰褐色,長不足寸,有六隻細長的腿,雨後在積水面上常見到。它是浮在水面上,動作非常輕靈快速,又是左右曲綫前進的。'鼉'與'鮀'這兩種東西絶不相似,按拳經的説法,我們要學的是'浮水之精,而不是兇猛;我們實際練的是左右曲綫向前進步的,而不是向前直綫進步的;練鮀形拳時的手型,只是拇指和食指伸開,其他三指是蜷曲着,分明是學蟲類的爪,而不是學大巴掌型的鰐魚爪子'。"從上述各點證明,我們該學的是"鮀"而不是"鼉"了。説明尚先生所講、所教的練法是正確的。而"鼉"與"鮀"同音又是游水,且很兇猛,人們便認爲是學它而寫"鼉"了。如果我們真要像鼉其形,取鼉其意,而學用其技,則與拳經大爲相謬,而且動作及涵意,更不相符,相差何其遠也。偉哉,尚先生獨能闢謬傳真,實形意拳法之大幸也!

（四）鮐形拳,也屬十二形之一,是李洛能先生於十大形之外增添的兩形,此其二。大多數練形意的都承認學的是鳥類,不是獸類。但在現代詞典上無此"鮐"字。尚先生説:"'鮐'又名'兔鶻'(拳經多誤寫爲兔虎),是一種小鷹,又叫'秃尾巴鷹',它的尾很短,獵户多用成禽磨其爪,專用以捉野兔"。拳經指出"鮐有竪尾之能",人們因不知其物,又不知其性,更不理解它何以有竪尾之能？於是一些書文中不是依樣畫葫蘆,便是猜測臆斷,甚至懷疑或否定"有竪尾之能"。尚先生説的明白:"野生的鮐多站在很高的樹枝上,時常頭朝下,尾朝上而倒立着,爲的是俯窺狡兔或野鳥,以便及時發現,迅即撲捉,這是其他禽獸所没有的特點,故要學它的'竪尾之能'。"

有的書文把"鮐"寫成"駘"這是不對的。因爲"駘"是劣馬。在十二形中已有馬形,學它有"疾蹄之功",既學了奔馳的駿馬,當然不會再去學劣馬了。在一些書文或口授中,亦因不知"鮐"爲何物,有人把它寫成"鴿"當然是錯誤的。也有的把它錯説成是"傳説中的一種類似鴕鳥的動物"。如果真類似鴕鳥,則只能善走,而絶無"竪尾昇空之能"和"下落攫物之力",因此説它類似鴕鳥是誤解。也有人著書把"鮐"（tái)形寫成"鶻"(hú)形。雖因"鮐"字現代詞典上没有,而且"兔鶻"即是"鮐",因而寫成"鶻形",但與十二形傳統名稱之音"tái"不符,故亦不恰當。這些錯誤,應該澄清,弄個明白。

至於談到駘形的技法和發勁，臆測之説則更多。有人認爲它“臀尾爲一拳”，或認爲“胯打”是它的技術核心，甚至更多的説它有“下落搗物之力”，實際都不對。尚先生説：“駘形既不是用‘臀尾打’，也不是用‘胯打’，而純粹是丹田省氣，用的是‘肋腹打’，使兩臂由上下落裹裹，貼肋束成一力，前擠、上撑發勁（此即學其竪尾之能）。既是要學駘向前向上發勁的竪尾之能，那麽所謂‘向下搗物之力’雖然也可以練和用，但非拳經所指，就不是此形之特長。”經云：“肋腹打去意沾陰，好似還弓一力精，丹田久煉靈根本，五行合一顯其能。”這一肋腹打，才真正是駘形的發勁之本。

但在拳經裏有關打法中曾説：“頭、肩、肘、手、胯、膝、足是七拳，也叫‘七星’‘七曜’。”但有人著書寫：“七曜者，即頭、肩、肘、手、胯、膝、足七體也，二七一十四個用法（頭是雙數）爲拳中之要領。”這一説法，把頭列雙數，是没道理的，當然是錯誤的，而且所謂的“十四個用法”也就是拳經所説的“十四處打法”，亦即七拳左右共十三處，加上臀尾即所謂“以上以下十四處打法，俱不脱丹田之氣”。但實際上，却仍然遺漏了成爲郭雲深、尚雲祥先生威震武林之絶技的“肋腹打”。如果把它加上，實質應該稱爲“以上以下十五處打法，俱不脱丹田之氣”才對。正因爲“肋腹”這一處打法人們不知道，於“竪尾”才産生一些誤解。實際在動作的表現上，是以兩臂代尾，使兩臂裏收貼肋，裹束成爲一體，如一尾之形，向前擠，向上撑，這就是學駘的竪尾之勁。（在十二形中其他形是没有這種下屈臂，向前上發勁的動作，這就是它的特殊之處。）駘的尾短，故練駘形的雙臂出拳亦較短。莫道出拳較短，但因是直接用丹田發勁，并借肋腹打的威力，故其攻擊力亦是很大的。平素在駘形的使用上，因用雙拳攻擊對方腹部，容易截氣以傷人，故在一般的使用中，常把雙拳變成雙掌來用，名叫“掩手”，是亦顧亦打，既易控制對方，又不傷人，故爲形意拳前輩們所常用。一旦按觸到對方的腹部則發勁，會使對方站立不住，雙脚拔跟離地而起，着力雖大却不傷人（當然，用掌因發勁部位和方法不同亦可傷人），這才是尚先生所傳“竪尾之能”的奥妙所在，不同凡響。

八、拳械一體，相得益彰。

“内外如一，體物而不遺，無往而不得其道”是前人一句明言。用在武術上，却説明了一個可貴的哲理。就是説：能够把身手練到内外如一，以至空手和器械都能一樣，這才算得到真諦，這時就怎麽用怎麽有理。而形意拳術和器械可貴的是一個勁,器械只是拳脚的引長。拳術練好了,再練器械就能起到事半功倍的作用。而且是既互增功力,又互增技巧,習之既久,自然會形成不論器械的長短,全在拳術中神意的妙用。只是每一種器械都有它獨具的性能,只要分別掌握和運用好它的性能,與拳中的神意和功夫結合起來,自會相輔相成,而相得益彰。尚先生一生專攻形意,故繼承和傳授的器械較多,人們從鍛煉中也體會得出這一優點。

五行拳中的五趟拳,都是單一勁路和動作,但要人們反覆地練,是爲了打好形意拳術的基礎和掌握它的基本技法。因而在傳統器械上,也有劈、鑽、崩、炮、橫的刀、劍、棍、槍,也是單一勁路和動作,也要人們反覆地練,是爲了打好形意器械的基礎功和掌握它的基本練法。此外還有整套的五行、連環、六合等的刀、劍、棍、槍的傳統套路。還有形意拳傳統的特殊器械如麟角刀和鳳翅鐺等,更是別具特色。但在勁路上,仍和拳術是一樣的,堪稱是"一拳兩得",相得益彰。

因現在對形意器械套路知道的人較少,故擬儘先著文介紹,以廣傳播。但因本書篇幅所限,僅先把人們較爲知名的連環刀、劍、棍、槍寫出,其他將另行著述,陸續付梓,以惠後人。

形意拳各支所傳,儘管有别,但基本上大同小異,或可謂各有所長。因尚氏形意拳知之者少,特别是尚先生晚年所練、所授,尤多不同之處,特書其特點,以供讀者參考,或有益於發揚其道也。

三　築基功夫

樁功——三體式

形意先賢有句名言:“萬法皆出於三體式。”説明三體式是形意至關重要的人道之門,故稱爲“形意母式”。由於傳播年久,就其外形已有不同之處,究其實質更有較大差异,爲了追求體用實效,不能不深入地做些比較和選擇。對這個似乎簡單而又枯燥的樁功,前輩們却説:“樁功是個寶,得它才能好。”特别强調必須堅持練它,而且必須練好它,究竟爲什麼?是該弄個明白。尚氏形意認爲三體式和鷹捉,一個是母式,一個是母拳,是開啓形意奥秘之門的鑰匙,我們會不會用它?又該怎樣地去用它?也該弄個明白。尚雲祥先生對它做過精微的剖析,對我們會很有啓迪意義的。現扼要擇述如下。

三體式的涵義和作用

“道自虚無生一氣,便從一氣産陰陽,陰陽再合成三體,三體重生萬物張。”形意拳就是以這個樸素唯物的陰陽五行之説爲依據,以《内經》作爲它理論的指道,沿用“一氣”“兩儀”(陰陽)“三才”(三體)“四象”“五行”“六合”等生生之理,作爲它技擊鍛煉的規範和掌握它奥秘技法的階梯。所説的“一氣”則爲後天呼吸之息與先天體内真氣交融於丹田,而成的渾元一氣。所説的“陰陽”,就武術來講,即泛指人體相對的部位和動作的變化,如上下、前後、左右、内外、進退、向背、俯仰、收放、起落、出入、伸縮、動静、剛柔、虚實等無不以陰陽論之,在技法上兩者既相反相成,又相稱相撑。所説的“三體”也就是“三才”,指的是天、地、人。而把人體也比作一個小天地,故人體亦有三體之説。而在形意拳中所説的“三體”,就是泛指上、中、下三盤,也就是頭、上肢和下肢。實際它概括了人體的上下與内外。如果通過鍛煉能够陰陽相合,内外一氣,三體合一,則會不有中有,無可無不可,故云:“三體重生萬物張。”

祖國醫學是用陰陽五行推演客觀事物的正常或異常變化的機理,

來辯證治病的。而形意拳則也是利用這個機理來袪病健身,鍛煉技術和實戰應用。説來道理是妥切的,内涵是深邃的,我們可以從《内經》的經義中得到啓發。如《素問陰陽應象大論》提到:“陰陽者,天地之道也,萬物之綱紀,變化之父母,生殺之本始,神明之府也,治病必求於本。”它所説的“變化”,是説物的自然成長謂之“化”,物極必反謂之“變”。“變化之父母”就是説“陰陽”是産生這種“變”與“化”的根源。所説的“生殺”,是説物的正常生長謂之“生”,而物遭到破壞或毁滅謂之“殺”。“生殺之本始”,就是説“陰陽”是構成“生”或“殺”的原委。“神明”的“神”是指變化的莫測,“明”是指現象的明顯。而“神明之府也”是説生物未見怎樣養它就能生長,也未見怎樣損害它就有死亡。而“陰陽”正是反映這種現象明顯而又變化莫測的關鍵所在。因之治病必須辨别“陰陽”才能從根本上解决。那麽,練形意拳磨礪以求的體用兼修又何嘗不是必須抓住這個根本,什麽上下相隨,内外合一,周身完整一氣,以至在技擊上控制“變化”,掌握“生殺”,哪一樣不是有賴於陰陽相合、三體如一這個根本?也就是我們要理解的三體式至關重要的道理所在。《陰陽應象大論》中還有兩句話:“陰在内,陽之守也,陽在外,陰之使也。”意思是説在内的“陰”是靠在外之“陽”的保衛,而在外之“陽”,又要靠在内之“陰”的支持。説明“陰陽”是相對的,但又是互以爲根的,這話更切合拳術技法的道理。而形意樁功三體式,正是從“一氣産陰陽,陰陽成三體”中起步的,它既是入道之門、形意母式,就是要築好“陰陽”“三體”“五行”之基,爲全面鍛煉形意技藝以及到實戰中去控制“變化”,掌握“生殺”,慧通“神明”以求得“治病”,即“制敵”的必勝之術,其根基就在於此。

“樁功是個寶”,無怪乎形意先輩們一再這樣説。不用説它对練好形意拳能起什麽作用,僅就樁功它本身的技擊和體療作用,就足以動人。練形意拳一開始站樁,就會聽到許多有關三體式樁功的故事。如某前輩三體式一站,人們就推不動,拉不動,甚至抱也抱不動,摔也摔不了,真是如樹生根一樣。這是哪來的力量?他自己説的好:“這没什麽奇怪的,就是樁功站出來的。”郭雲深先生曾當人戲試其技,三體式一站,令壯漢五人,各持臘桿齊力頂其腹不能動。而先生丹田一省氣,反把五人摔出丈外。北京武術傳習所馬某擅雙跺子脚,脚到墻塌,威力駭人,向尚雲祥先生逞能,先生三體式一站,讓他踹,一踹未動,二次躍步傾力再踹,先生丹田一省氣,反把馬某摔出老遠,倒地不能起。這幾例僅是前輩把樁功用於自衛所顯示的威力。若談到制敵發勁,則樁功所發揮的作用則更大,實例更是不勝枚舉。我們知道自己的樁功不穩站不能固,是没法制敵發人的。而形意的先賢,高手發人幾如草芥,威力驚人。豈不知他們的威力之根在脚,發於腿,主宰在腰,樁功正是它威力的基礎。由此可見樁功的作用大矣。類似這般軼事趣聞很多很多,件件都在鼓舞人們堅强信念、刻苦鍛煉。但是我們知道這些成果,絶不是單憑下死功夫傻練出來的,而是技藝、功夫加智慧的結晶,是按技法要求,把許多細微的要領精練薈萃才形成的,因之我們在練它時,既要下到功夫,又要究入精微才能求有所得。

講三體式樁功,不僅它本身的技擊作用效果是大的,而且它的祛病强身的作用也是人們所熟習的。實踐證明它對一些慢性病、老年病、婦女病都有較好的體療作用,似乎樁功比練練拳的療效還好些。莫道它是在静態中的鍛煉,却是静中有動,而且有較高的抻筋拔骨的技法要求,確給身體帶來較大負荷和鍛煉。一位曾當過國家冰球隊隊長的健將,擎百多公斤杠鈴蹲百餘次如同兒戲,腿力、臂力都是個中佼佼者,而在試站三體式,姿勢尚未能做到正確時,便不支而坐地,連喊:"厲害,厲害!"説明三體式的難度是大的,强度也是高的。因之使筋骨、肌肉都得到鍛煉,加上氣沉丹田的横隔呼吸,不僅加强了血液和淋巴循環,助長新陳代謝,還對内臟起到按摩作用。特别是"驚起四梢"和"發動内五行"的精神作用,意動氣行,對中樞神經起到良好的調解訓練作用,也對心臟呼吸、消化各系統都會産生很有益的保健作用,難怪人們用它作爲有效的體療手段。

三體式的技法和效用

三體式的技法要求,向有"八字訣"和"三才九式歌"等已廣爲流傳,但不是老譜所載,且内容過於繁瑣,字義尤多重沓,不便記憶與運用,是後人歸納編録的,僅可作參考。尚先生在教學中除指出拔背、沉肩、墜肘、并膝、提肛、裹胯和三圓、三頂、三扣外,其他從不引用。而三圓、三扣的内容亦與之不同。"三圓"是對形意掌型的要求,主要反映在三體式和鷹捉的掌的技法上。1. 手心圓,掌心回收,掌的横撑力大,有利於控制接手的變化。2. 手背圓,使力貫於指,"三節"勁整,"三催"氣貫。手心與手背雖互爲表裏,但因用意不同,故勁與作用也不同,如單一使用,則效用自明。3. 虎口圓,是助長掌的外宣和裏扣的勁,使出掌控制面大而力强。因已有拔背、沉肩,使前胸、後脊背自然會圓,故不必再做圓的要求。而“三扣”：1. 齒扣，是發動骨梢之威，因切齒會使周身筋骨緊縮而力大，所謂“有勇在骨，切齒則發”是也。2. 手扣，是發動上肢筋梢之威，可使勁達手指，氣貫梢節，增大落翻的發勁作用。3. 脚扣，是發動下肢筋梢之威，勁達下肢，氣貫掌趾，增强樁基之力。因已有沉肩、墜肘故不需要再有扣肩的要求。“三頂”與一般説法基本相同：1. 頭上頂，有冲天之雄，是發動血梢之威，能振起精神，因頭頂、項豎，加之氣沉丹田，身軀之抻拔，使“三關”易通，使腎氣能上達泥丸以養性。2. 舌頂上腭，有吼獅吞象之容，是發動肉梢之威，因舌卷氣降，使呼吸平穩，氣沉丹田，使腎氣歸根以養命。且津液（唾液）增多，以潤喉嚨，回咽意引丹田，順氣養身，有助消化。3. 手頂，若有推山之功，有助筋梢之威，且腰力得展，“三催”勁整，氣貫五指，增大起鑽之勁。初學站樁，尚先生只提這些要領，便於記憶和掌握，待有一定基礎，便以拳經理論來指道，既可糾正不足，又可理解涵義，因而易得三體式的技法精華。并使樁功與拳術、理論與實練相結合，收相得益彰的效用。有關三體式理論要求略述如下。

（一）經云“鷹捉四平，足下存身”。

“三體式”，又名“三才式”，又叫“鷹捉式”。因五行、十二形拳等的起手都是“鷹捉”，經云“出式虎撲，起手鷹捉”正是此意。而“鷹捉”落翻的定式就是“三體式”，所以又叫“鷹捉式”。

經云“鷹捉四平”，也就是説“三體式”要做到四平，上身不可前俯後仰，不可左斜右歪，以求不偏不倚，重心平穩。也可以具體劃分爲：1. 頭頂要平，下頦回收，形成頭頂項拔，既可發動血梢，又可振奮精神。2. 兩肩要平，上身不可歪，兩肩要相稱（讀“趁”音），而又相撑使腰力得發。3. 前小臂要平，特别是肘下墜而裹裹，使肘窩朝上，使肩、肘、手在一條直綫上，而且伸展抻長，使上肢“三催”勁順，氣貫到手，既增大起鑽之勁，也有助“落翻”前催之力。4. 兩足抓地要平，助長發動下肢筋梢，使樁步根實，杜絶因後腿并膝裹胯而影響後腿的平、實。

經云“足下存身”，這個“下”字是“放入”的意思。就是説三體式雖是單重，前三後七，但要求把上身重心放在後脚跟的裏邊。這樣上身雖偏後，而不影響整體平衡，使前腿變化靈活，虚中有實，使後腿得以蓄力待發而又支撑力大。

（二）拳經要求做到“四象”“五夾”“六合”。

1. “四象”：就是“鷄腿”“龍身”“熊膀”“虎抱頭”。要求做到“四象”，就是取其各物之特技，能“得之於心而能盡物之性”，使之變爲自己武技的特長，運用純熟，利於實戰。三體式雖爲静態，而“静中寓動”，正是爲了培養這些特技而在築基。

“鷄腿”：(1)就是要學鷄的“獨立之形”，學它單腿支撑有如雙腿般平穩。(2)學它“兩腿相夾，磨脛而行”，因兩腿有相夾之勁，會使行進勁疾(如野鷄溜)。兩小腿緊挨若磨擦以進步，因徑直而道近，且兩腿相挨，得以相輔而利相撑致行進力大。加之形意有突出趟勁特長，這樣用於技擊自會相得益彰。在三體式的静態鍛煉中，正是爲了追求其“獨立之形”和“兩腿相夾”之長，以孕育“磨脛而行”之勁。

“龍身”：就是學龍有“三折之勢”。因别的動物在角鬥中，如有折身情况，就會因而受傷失力，惟龍身則不然，反因轉折騰挪而使身力得展。我們就要學它這一特點。站三體式時，前膝要求向前微挺，後膝要求裏扣，但常因後膝裏扣而使上身也隨之轉向前方。這樣就無法求得裏胯之勁，也影響腰部發勁，也使上下肢“三催”之勁不能順達，因此學習“龍折身”至關重要。當後膝裏扣，上身能以反擰而順胯，形成腰腿的抻拔，使上體成爲似正非正，似斜非斜，腰順勁催，這就是“龍折身”。只因這一折産生裏胯之勁，腰勁得發，腰催胯，使下肢“三催”勁得逞，腰催肩，使上肢的“三催”勁得發。丹田發勁則更可無不如意。

“熊膀”：就是學熊有“竪項之力”和“垂膀力大”的特點。熊的兩膀既垂而抱，故“三體式”則學它“拔背”“垂肩”，因之項自竪，而頭自頂，精神振起，有發動血梢之威，同時因兩臂抻拔，肩垂則力貫肘、手，使上肢“三催”勁整力大。

“虎抱頭”：就是學“虎未撲食頭早抱”蓄力待發的技巧。虎有撲食之勇，而其勇也有賴於撲食之前，先把前爪抱於頦下，如抱頭狀以蓄力。撲食時，借蓄力發放而迅猛力大，又是爪到嘴也到，才使被撲之物難以抗脱。這一抱頭蓄力的動作，就是“虎抱頭”。正因爲形意拳學用此技，才突出强調“肘不離肋，手不離心，出洞入洞緊隨身”這一既“顧”又“打”的技法。雖然在三體式的静態樁式中看不到這一姿勢，可是在站樁一出手的過程中，所運用的正是“虎抱頭”這一技法，因之在練三體式樁功階段，已在鍛煉它，故把它列入樁功的技法要求之中。

2. “五夾”：是拳經中“十六處練法”的第五法，曰“五夾”。“夾”是指古時以銀子作貨幣時剪銀子用的“夾剪”的“夾”。這就是形意拳打破武術以弓、馬、撲、虛、歇爲主要步型的慣例，形成別具一格的前三後七“夾剪”勁步型的由來，它也就是三體式所用的樁步。而三體式這一樁步正因爲前腿如夾剪之前上刃，故前膝順，前足輕。後腿的後膝裏扣，膝尖朝前，如夾剪的後下刃，故後足重，兩腿既有很大的抻拔，又有夾勁。因之，有“五夾”，如夾剪之夾一說。可是，想要找到“夾剪”之勁，還必須擰腰，順後胯，使兩胯前後在一條綫上，才能構成完整的“夾剪”之勁。這個“夾剪”勁，對形意拳樁功和下肢技法是至關重要的。因爲它的步小，又是單重，要想比傳統的弓步、馬步靈活則較易做。可是要想有弓步、馬步的沉實，則確非易事。就必須練出完整的名副其實的“夾剪”勁，才能使樁功根固，腰勁得發，“三催”勁整，加之抻拔力大，使進步的前趟、後蹬不僅發勁有源，而且行逞力大。

3. “六合”：形意之道，雖源自陰陽、五行，但欲得其妙諦，則必須求之於“六合”。“六合”就是內三合和外三合之總稱。內三合是：心與意合，意與氣合，氣與力合；外三合是：手與足合，肘與膝合，肩與胯合。而外三合，則是形意拳見形於外的，四肢有關部位的上下相合，但不是上下相對，而是上下一力。上肢與下肢就“三節”論，手與足同爲梢節，肘與膝同爲中節，肩與胯同爲根節。腰爲主宰，動則先動身，身動發動四肢，上肢則要腰催肩，肩催肘，肘催手；下肢則要腰催胯，胯催膝，膝催足。雖然上下肢是兩條綫，但却爲一個目標，都要在腰身的發動下，根節催中節，中節催梢節。因之四肢的根、中、梢節必須上下相合成爲一力。因爲“静爲本體，動爲作用”，故在静中定型，對此要求尤爲重要。故須明其理，務其實，因之不論三體式的出手或站樁定式，都在爲鍛煉此技法而築基，故而强調，必須做到手與足合，肘與膝合，肩與胯合。實際也只有這樣才能求得上下相隨，周身一體，從而勁整，加上能意氣歸根，才會使“內勁”因之而生。

內三合是：心與意合，意與氣合，氣與力合。這是不見形的静中寓動，是意在起作用。但必須通過外三合的上下相隨，才能發揮作用。從而求得內外合一，周身一氣。形意拳所追求的技術精華，無不由它而產生。三體式樁功要求静中求動，關鍵就在這裏。

（三）經云“明瞭四梢多一精”。

人的血、肉、筋、骨之末端謂之梢。毛髮爲血梢，舌爲肉梢，手指甲、脚趾甲爲筋梢，牙齒爲骨梢。四梢發動使氣質神態會猝然生變，自己會覺得精神雄勁，心盛氣壯，而敵人見之會悚然生畏。經云“驚起四梢”就是“意有所感，神之所施也”，主要是内在的精神作用。經云：“血梢：怒氣填膺，竪髮衝冠，血輪速轉，敵膽自寒，毛髮雖微，摧敵何難。”“肉梢：舌卷氣降，雖山亦撼，肉堅似鐵，精神勇敢，一舌之威，落魄喪膽。”“筋梢：虎威鷹猛，以爪爲鋒，手攫足踏，氣勢兼雄，爪之所到，皆可奏功。”“骨梢：有勇在骨，切齒則發，敵肉可食，眦裂目突，惟齒之功，令人恍惚。”四梢的作用還體現在舌若摧齒，齒若斷筋，甲若透骨，髮若衝冠。心一戰，内自動，氣自丹田發，四梢但齊，内勁自出。或云：“四梢無不齊，内勁無不生。”這都説明四梢的精神威力。用於實戰自會倍增勇敢，加强摧敵之威，故經云“明了四梢永不懼”，確乎不假也。而這種威力是從站樁開始就要培養運用。尚氏形意站三體式，持“静中有動”之説，此是其中追求之一也。人們在似乎枯燥的站樁中容易叢生雜念，氣浮不安，站不持久，主要是因爲站而無意，静中無動，雖站之時久，亦不免事倍功半。如果能明了“四梢”，又能多此一精，究之入微，自會排除雜念，避免氣浮，持久功深，自得良好基礎。爲了掌握和運用好四梢這一精，就要頭頂、項拔，髮若衝冠，以發動血梢之威；舌頂氣降，舌若催齒，以發動肉梢之威；手頂趾扣，甲若透骨，以發動筋梢之威；齒扣骨縮，齒若斷筋，以發動骨梢之威。就這樣運用“意與神”，以驚起四梢，能與外在的動作、姿勢、勁力相結合，則不論用之於站樁，還是動作，都會使人感到别有一種氣勢和驚人的神采。若用之於實戰，自然精神領先。因之在三體式樁功中提此要求，其技擊作用是大的，應精心求之。

（四）經云“静中之動謂之真動”。

“静則爲性，動則爲意”“静爲本體，動爲作用”“静中之動謂之真動，動中之静謂之真静”。從這些經義來説，我們知道，除我們經常磨礪的動作之“動”以外，我們還需要追求“静中之動”，因爲它才是“真動”。不知“真動”，就不能知“意”，所以它才更爲重要。如果再引申來説，我們不從“動中之静”中再去追求“真静”，就不能知“性”。這個“意”和“性”却是形意拳中我們所要追求的妙諦之一。因爲只有知“意”，才能“寂然不動，感而遂發”，才能“妙用則爲神”。只有知“性”，才能“虚極静篤，還於先天本性”，才能所謂“返先天”“不思而得，觸之自應”，向高超境地邁進。

練三體式樁功，正是從“静爲本體”中去追求“動爲作用”開始的，從掌握技術，按照三體式的要求做到姿勢和動作正確，爲練好形意的拳械，打好身手和技法功底，我們把它作爲樁功的第一步，這也是人們都知道的。但是，這只是個開始，只是追求動作中之“動”，只是爲練好外形之“動”打基礎的。這還很不够，還需要進一步去追求“静中之動”，也就是追求内意之“動”。追求這個内意之“動”，就是對“意”的訓練，也是對“神”和“氣”的内養及封“内勁”培育的開始。故對三體式這一步的提高，我們把它列爲樁功的第二步。其動作和姿勢與前一步完全相同，只是對姿勢、動作要領已能掌握純熟，做到定型或已進行拳術鍛煉，達此程度如再站三體式時，則要由注重外形、勁路轉到運用内意“静中求動”而求達到“静中有動”。要走這一步的前提是：要能“精神内守”，先用意内視於皮肉之間。因皮膚與肌肉之間叫“腠理”，内經有“陽化氣”“清陽發腠理”“清陽實四肢”之説，故前人讓我們先内視皮裹肉外之間，以求意氣達四肢，再意注丹田，以固靈根。但皆“應在周身放鬆毫不用拙力的情况下，以意來作媒引，運之周身，具體作法如下：

1. 意注上肢梢節——手，在拔背、沉肩、墜肘的配合下，用意念去找掌指和勞宫穴之“動”。會有麻脹感，或有熱流和氣感，以至指關節時有吱吱響動。因人的身體氣質不同，“動”的表現也不同。首先是來感的部位不同，動感的反應不同，指關節的響動亦有大小之不同，亦有時間長短之不同。有人響動較大，不僅旁人用手可以摸到，甚至俯耳還可以聽到。這些活動，雖只用意不用力，却能力貫指掌，氣貫梢節，爲起鑽落翻的功力，打個良好的基礎。

2. 意注下肢。在前膝前挺，後膝裹扣，加上“龍折身”的配合下，會發現膝關節之“動”，亦會有麻脹感，或熱流和氣感，以至膝關節時而吱吱響動，進而整腿亦有氣感，漸至貫及脚心“涌泉穴”。這樣站之日久，就能使兩腿根固，前腿雖爲虚腿而能實，後腿夾扣、蹬逞之力皆能大，是治療關節炎、寒腿、坐骨神經痛的體療好方法。

3. 調息歸根，意注丹田，小腹生“動”。亦有熱流和氣感。唾液增多咽之，用意引入丹田，乃有腹鳴，直下小腹，會覺腹腔鬆暢，氣順腹實。這樣意注丹田會使丹田真氣逐漸充盈，因之體强根固，内勁亦萌萌而生，這就是“固靈根”“真氣退藏於密”之謂也。這是尚氏形意樁功，從静中求動，得養煉之始。

通過動作和套路的鍛煉，當做到“上下相隨，内外合一，周身完整一氣”，把明勁打好，練到剛健之至，則“剛至柔生”，以及向“柔極自化”的階段邁進。這時站三體式就該有更高的要求，我們把它列爲樁功的第三步。要以“靈性爲至上”，用“神、意、氣”合於丹田，運化周身，無微不至，感之遂通。實則是“動静不分，意性如一”。這則是尚氏三體式樁功從“静中有動”而至“動中有静”，最後而至“悟真静之靈性，不空中空，不有中有”所要追求的高深造詣。果能到此境地自可無處不有，無時不然，觸之自應，不思而得，則“悟得嬰兒頑，打法天下勢真形”“拳無拳，意無意，無意之中是真意”的妙境自可得之。這也是尚雲祥先生爲内外兼修，體用并重，給我們指出向高超境界進軍的階梯。有待我們去鑽研和探求。

三體式的具體練法

在正式操練三體式動作之前，能對前述的《三體式的涵義和作用》有所瞭解，會增進學習興趣，加强鍛煉意志。但爲了能精微地掌握三體式的技法要領，取得較好的鍛煉效果，更需要封《三體式的技法和效用》的具體内容逐一地進行學練和消化。對頭、手、臂、腿以及上體的一些基本要求都能掌握，并能運用自如，進而再結合“四平”“四梢”“四象”“五夾”“六合”“動静”“意性”和“氣神”去鍛煉，能究之入微，操之以恒，肯定會取得理想的效果。

實踐證明，每次站樁之前，能做些有益於腰、腿、關節的準備活動，是很有必要的，會提高站樁的效果。做完準備活動後，欲站樁時，應先把前脚找準正前方的位置，使前脚邁出之後與後脚的“前踵對後踝”的方位保持不偏，這是至關重要的。因前脚邁出偏裏則會蹩勁，前脚邁出偏外則會散勁，這都嚴重影響樁步的穩實性。根據傳統右爲氣、左爲血的説法，站三體式開始和收式都應是左前右後，以求氣催血行。

三體式的具體練法如下：

（一）周身自然放鬆，身體直立，兩臂自然下垂，下頦回收，頭要端正，眼要平視，齒要扣，舌頂上腭；前脚尖朝前，脚跟靠於後脚的裏踝骨。後脚尖外展，與前脚成45°左右夾角（圖1－1）。

要領：

（1）經云“鎖住心猿與意馬，一心要立海底基”，即此意也，既要練功，就得排除雜念，精神集中，按技法要求去做。

（2）先要站穩身形頭頂項直，呼吸自然，周身放鬆。

（二）兩小臂自然向胸前抬起，手心向下（圖 1－2）。

要領：

（1）抬小臂時必須貼身提起，掌根拇指側貼於心口旁。這是學習掌握“時不離肋，手不離心”“摩經”和“手摩內五行”的技法要領。

（2）不要聳肩、亮肘。

（3）提氣不要用拙力。

（三）兩小臂及掌根拇指側貼身，隨呼氣自然下按，雙掌停於丹田；兩腿隨之同時屈膝下蹲（圖 1－3）。

要領：

（1）下按時上體要正直，頭頂項直，垂肩，墜肘，必須於呼氣時隨呼氣貼身（摩經）而下按，還要意注勞宮穴，邊按邊塌掌根，使掌指保持原水平姿勢下按，氣要下沉，抱人丹田，兩肘抱於兩肋，拇指橫平靠於丹田。

（2）兩腿下蹲時，要跪膝，壓踝，前膝向前，後膝緊靠於前膝裏側，成半蹲式。

（3）不得“突臀”，而要“提肛”，腰要塌，上體保持與地面垂直。

（四）兩掌握拳，兩拳和兩小臂同時貼身外旋翻轉，形成拳心向上（圖 1－4 a）。

要領：

（1）握拳要先從小指依次卷握，成實心拳（小指與無名指必須握實），但要自然，不用拙力。

（2）外旋翻轉時要微有擰拉之意，使兩拳停於臍之兩側（圖 1－4 b），但兩臂仍抱貼於兩肋，不得稍離。

（五）左拳及左小臂貼身上鑽至心口上，頦下（圖 1－5）。

要領：

拳及小臂上鑽時，必須沉肩、墜肘，又要“肘不離肋，手不離心”，這就是拳經所指的“虎抱頭”“先打顧法後打人”，也是“亦顧亦打，蓄力待發”的技法竅要之所在。

（六）上動不停，左拳及左小臂繼續上鑽，從頦下鑽出，拳心向上，高不過眉，左脚同時前進一步，形成前三後七的夾剪步（圖 1－6 a、1－6 b），即“樁步”。

要領：

（1）左拳要貼身從頦下嘴前鑽出，即“虎抱頭”的具體運用，亦即拳經所指“出洞入洞緊隨身”，“洞”指的是人嘴。

(2) 拳鑽出时,拳心要向外擰,有横勁,不見横形,眼看小指窩。

(3) 出拳要順腰拔背,肩催肘,肘催手。

(4) 上體要似正非正,似斜非斜。

(5) 出脚要腰催胯,胯催膝,膝催足。要手脚齊到。

(6) 前脚跟對後脚裏踝骨,相距不少於兩脚長,兩脚抓地扣實。

(7) 前膝微前挺,後膝裏扣,擰腰順胯,重心落於後腿。

(七) 上式站穩後,兩拳變掌,掌心向上(圖 1－7)。

(八) 三體左式。上式不停,眼看前臂肘窩,保持肘窩不變地往下向裏翻轉手掌和小臂,變爲掌心向下,掌高與心齊。同時後小臂亦向裏翻轉,掌心亦向下,掌根靠於臍,拇指側亦貼於腹。這就是三體式的定式,又叫“三才式”,也叫“鷹捉式”,是形意母式(圖 1－8a、1－8b)。

要領:

(1) 掌在翻轉時,必須沉肩,墜肘,邊翻轉邊沉墜,并向前抻拔,但上體不得前俯,臂不能伸直。

(2) 左肩、肘、手三點必須在一條前進的直綫上。

(3) 鼻尖、手尖、脚尖三尖相對於同一前進方向(此在形意拳中稱爲“三尖對”)。

(4) 後臂要緊貼於肋側,當翻轉時,掌要隨翻轉,隨擰扣,但不用拙力。

(5) 兩掌的五指要自然分開,掌型要做到手心圓、手背圓、虎口圓(圖 1－9a、1－9b)。

(6) 前手的掌指上翹,指端高出前小臂 3～4 横指,約 45°,掌有頂扣之勁。

(7) 後手的掌指上翹要稍高,使掌根拇指側平靠於臍。除手與臂外,周身其他各部位,皆應逐一按要領做到。

(8) 頭要上頂,下頦内收,項自然伸直;兩目從食指端注視前方;齒扣,舌頂上腭。

(9) 精神要集中,呼吸要在自然中舒胸實腹,氣沉丹田,但不可故意砸氣。

(10) 上體要順胯(兩胯前後相對),擰腰(與扣膝相反,即“龍折身”),形成似正非正,似斜非斜;上體與地面垂直,兩肩要平,含胸拔背,切不可前俯後仰,左斜右歪,肛門要自然裏收,不可突臀。

(11) 前腿三成勁,後腿七成勁;前膝微前挺,後膝盡量裏扣;前脚尖朝前，後脚尖外展，輿前脚成 45°左右夾角；前脚跟對後脚裏踝骨，重心偏於後脚，但上體臀部必須在脚跟以内（即足下存身）；兩脚趾抓地落平扣實。

（12）這些要領不得稍有疏忽，并應在基本熟練的情况下，應該再重温前述的《三體式的技法和效用》的具體内容，以加深理解，并求得精微而又切實地按進展程度加以運用。

（九）上式站至後腿乏力即應换式。兩掌同時握拳，左拳向下向裏屈臂回拉，邊拉邊擰靠於臍左旁；右拳同時擰轉靠於臍右旁，拳心都向上；同時左脚以脚跟作軸，脚尖裏扣，與右脚成内八字；重心不變，目視左方（圖 1－10）。

要領：

（1）左拳要以肘拉拳，貼身，邊拉邊向外擰轉，拉至臍旁時拳心擰成完全向上，右拳亦同時向外擰轉移至臍旁。

（2）左脚尖的裏扣與左拳的回拉要做到手與脚、肘與膝上下相合（是動則同動，不是位置相對）動作一致。注意不要俯身突臀。

（十）上式不停，重心移左腿，上體右轉回身，收回右脚，右脚跟靠於左脚裏踝骨，右膝微前頂，左膝緊靠右膝裏側（圖 1－11）。

要領：

重心移左腿時，不要突臀，亦不要長身，姿勢要保持原有高度。

（十一）右拳及右小臂貼身上鑽至心口以上、頦下（圖 1－12）。

要領：

要沉肩、墜肘、貼身鑽起，與（五）同，左改爲右。

（十二）上動不停，右拳及右小臂繼續上鑽，從頦下嘴前鑽出，拳心向上，高不過眉；右脚同時前進一步，形成前三後七的夾剪步（圖 1－13）。

要領：

與（六）同，惟左改爲右。

（十三）上式站穩後，將兩拳變掌，掌心向上（圖 1－14）。

（十四）三體右式：上式不停，眼看前臂肘窩，保持肘窩不變地往下向裏翻轉手和小臂，變爲掌心向下，掌高與心齊。同時後小臂亦向裏翻轉，掌心亦向下，掌根靠於臍，拇指側亦貼於腹（圖 1－15）。

要領：

與（八）同，惟左改爲右。

（十五）三體右式欲换爲左式，其轉换動作和要領如前述之（九）、

（十）、（十一）、（十二）、（十三）、（十四）同，惟左右相反（圖 1－16、17、18、19）。以下左右轉換皆按此做。

（十六）收式：

1. 兩掌同時握拳（圖 1－20）。

要領：

形意拳起式必須是左手左脚在前，而收式亦必須如是。

2. 前拳向外翻轉，抬至眉高，拳心向上，同時後拳以肘作軸向下向外再向上翻轉，亦抬至眉高，拳心亦向上；兩臂前後成弧形相對（圖 1－21）。

要領：

兩臂翻轉時，仍要沉肩、墜肘，輕鬆自然。

3. 兩拳向裏并攏，拳面相抵於胸前（圖 1－22）。

完成上動後，待呼氣時，兩拳兩肘繼續下沉，兩拳停於丹田（圖 1－23）。

要領：

兩拳兩肘邊向裏并攏，邊微下沉，抵於胸前要貼身，待呼氣時隨兩拳下落，氣亦沉入丹田。動作要輕鬆自然。

4. 上體微左轉，身向正前方；後脚上步與前脚并攏（圖 1－24）。

5. 兩拳自然張開變掌，隨兩腿的自然伸直起立，同時兩臂也自然放下，成并脚立正姿勢（圖 1－25）。

三體式的動作圖解

圖1－1

圖1－2

圖1-3

圖1-4a

圖1-4b

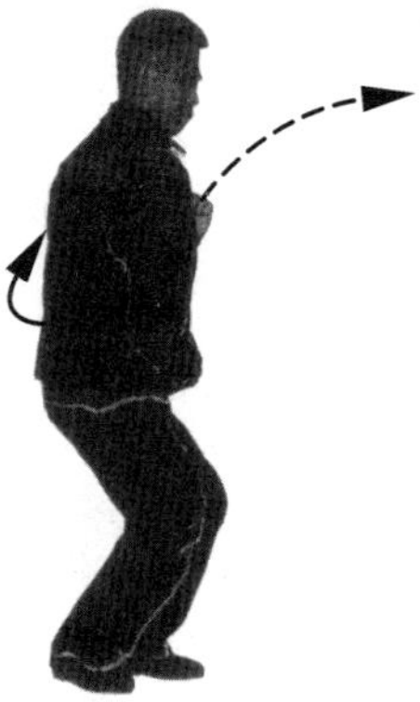
圖1-5

圖1-6a

圖1-6b

圖1-7

圖1-8a

圖1-8b

圖1-9a

圖1-9b

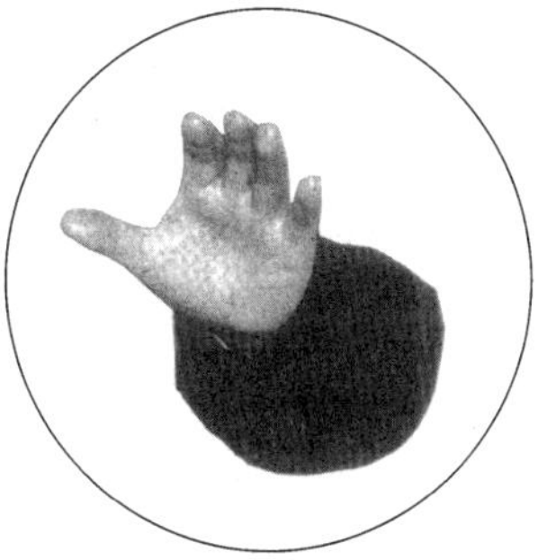

圖1-10

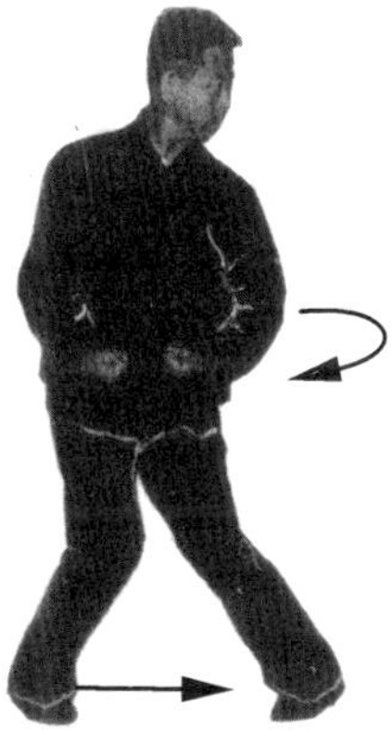

圖1-11

圖1-12

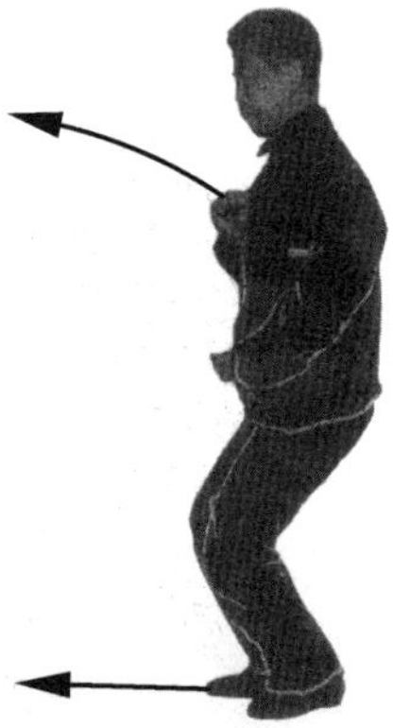

圖1-13

圖1-14

圖1-15

圖1-16

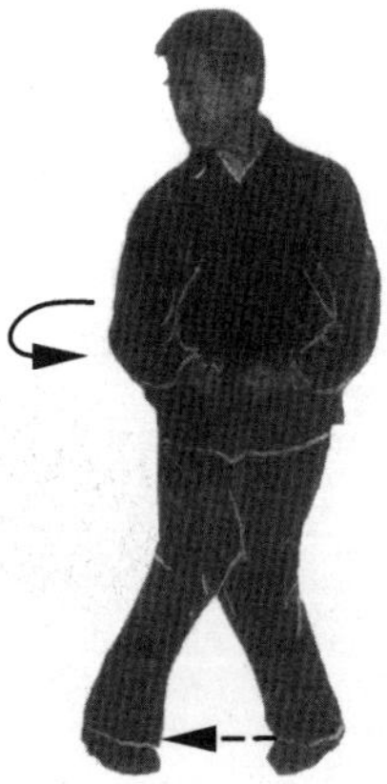

圖1-17

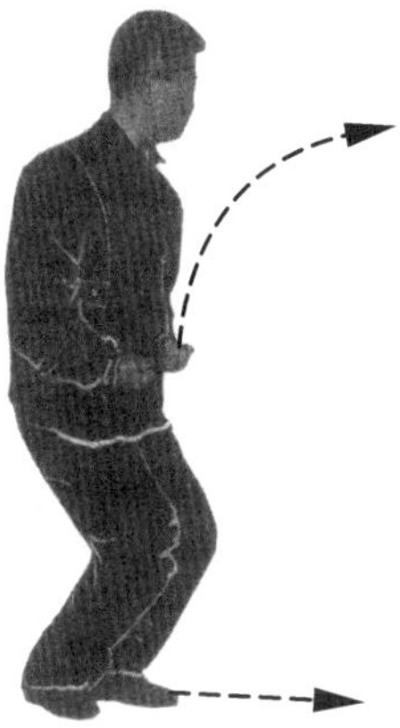

圖1-18

圖1-19

圖1-20

圖1-21

圖1-22

圖1-23

圖1-24

圖1-25

母拳——鷹捉

鷹捉的涵義和作用

樁功三體式被視爲是形意拳特有技法静的定型，静的築基功夫。而鷹捉則是樁功三體式諸多技法的運用，是形意拳動的築基功夫，也是對形意拳的動作要領、基本技法的體驗和掌握過程，是爲鍛煉形意拳打好基礎的一趟拳。經云"起手鷹捉"，正説明鍛煉形意的各種拳法都要從它開始，所以人們稱之爲形意之母拳。"三體式是母式""鷹捉是母拳"，説兩者是開啓形意奥秘之門的鑰匙，實不爲過。

從三體式静態中所探求的種種技擊規範和技法竅要，不論從一氣的運行，陰陽的變化，三體的組合以及四象、五行、六合等技法的運用，都要通過動的三體（上、中、下三盤或頭和上肢、下肢）因素，和變换的三體組合來體驗和掌握，我們用動的三體式——鷹捉來實現它，可以説是最容易掌握，也是最有效果的捷徑。前面所介紹的有關《三體式的技法和效用》的内容，應該説它是形意拳技法的精華部分，而這些精華也只有通過鷹捉來體驗，打好基礎，才能進而求得會運用。如果再進一步説欲攀形意技術高峰，也只有依靠它掌握要旨，求得真諦。鷹捉其作用之大，概可想見。無怪前人有句名言"把把不離鷹捉，步步不離鷄腿"，這確實道出了其中的竅要。

鷹捉的特殊技法和效用

綜如上述，在《三體式的技法和效用》文中已把形意拳的技法精華作過闡述，而這些技法精華是要通過鷹捉來體驗、運用和提高的，那麽鷹捉還有什麽另外的技法？具體地講，有！因爲鷹捉是形意的母拳，如果説它還有特殊技法則是體現形意拳技法核心的東西，而這個核心也正是上述形意拳的一些技法精華的薈萃結晶，也就是説没有上述那些技法精華的融滙貫通，也産生不出這個結晶。從另一方面講：這些技法精華也可以説就是爲這個技法核心服務的。形意拳的這個技法核心，概括地來説就是“起落、鑽翻勁”。而我們對鷹捉千錘百煉、孜孜以求的也正是爲了它，而形意拳的五行、十二形等拳，雖多種多樣，且各具特點，但哪趟拳也没有鷹捉這趟拳體驗“起落、鑽翻”勁最深切，最明顯。换句話説，只有先通過練它才能找着、練到這種真勁。所以説鷹捉的特殊技法就是“起落、鑽翻”勁。我們形意門中特有的，被人們景仰和追求的“翻浪勁”（人們不知其名，僅從動作形態來看，叫它“摩挲勁”，也有叫它“劃勁”的），它就是這“鑽翻勁”中的代表形式。

我們練鷹捉要從自然、和諧中練出“上下相隨，内外合一”的整勁來。再從開展、輕鬆中練出迅猛剛實的爆發勁來。使内勁由無到有以求逐漸充盈，經云：“静若處女，動若脱兔”“不發緩若輕風，即發迅如奔雷”。我們就是要練出這種節奏和氣勢來！至此方可説對形意的技法已能領會，對它的勁路略知所以。達此程度，自會體現出“剛至柔生，柔極自化”的拳意精髓的道理來。既得疾用驟發、迅如奔雷的爆發剛勁，就有了發人的真正本錢，再能稍加用心去領悟，則緩動遂發的柔（暗）勁，也會悠然而得。則形意拳發勁技法的精華之一的、屬於柔（暗）勁的、所謂“中乘”功夫的“沾身縱力”，也會自然地逐步得之。人們或知“沾身縱力”之言，却多不知“沾身縱力”其技，實際它就是“起落、鑽翻”的具體應用。也只有通過練鷹捉，用鷹捉，才能逐漸地懂得它和找到它（須得明師的指教），才能真正地深切地體驗到它。有了這個體驗才能推而廣之，運用到形意的其他拳法中去。人們稱鷹捉爲形意之母拳，信乎！它確實當之無愧。

但是這趟拳練形意的大多數人管它叫“劈拳”，把它當劈拳來練，這是令人遺憾的錯誤。它既不是握拳，又用的是俯掌，根本不符“劈拳”似斧之形，没有“斧刃”又從哪能練出似斧之勁？且形意各拳是用它來作爲“起手”的，經曰“起手鷹捉”，已經早有定名，還拿它當劈拳，顯然是錯誤的。特别值得提出的是丢掉了真正的劈拳，便失掉了劈拳不用關節處打人、發勁的非常寶貴的特殊技法，良可惜也。

鷹捉的具體練法

（一）預備式（即原地左鷹捉）

1．兩脚跟對齊，立正，其他要領與三體式之（一）同（圖 2 - 1）。

2．與三體式之（二）同（圖 2 - 2）。

3．與三體式之（三）同（圖 2 - 3）。

4. 與三體式之(四)同(圖 2－4)。

5. 右拳及右小臂貼身沿中綫上鑽至胸部頦下(圖 2－5)。動作不停,右拳及右小臂繼續從頦下向前上方、向外擰轉鑽出,高不過眉(圖 2－6)。

要領:

(1) 如圖 2－5,即“虎抱頭”之蓄力待發。

(2) 右拳從頦下鑽出,必須貼身從嘴前邊鑽邊擰轉,此即“出洞入洞緊隨身”的技法要求,亦即“虎抱頭”的具體運用;不論單臂、雙臂皆此涵義。

(3) 鑽出之拳,拳心外擰,有橫勁,但不見橫形,這就是“起横不見横”的技法涵義;眼要看小指窩。

(4) 出拳要順腰拔背,肩催肘,肘催手;上體要似正非正,似斜非斜。

(5) 此右拳的鑽出,不動步,發勁較難,先求順遂舒展,漸求腰力得發,實難可貴能也。

6. 原地左鷹捉:左拳貼心口,上鑽至右臂肘窩上部(圖 2－7);動作不停,左脚向前邁出一步,右脚尖隨之稍外展,兩腿構成三體式的樁步;同時,左拳沿右臂向前上鑽出,當兩拳上下相遇時,兩拳同時擰轉變成“三圓掌”;左掌則由上向前,向下翻落,掌心向下,掌高與心齊;右掌則由上向下,向裏,肘貼肋回拉,靠在臍之右側,掌心亦向下;目視左掌前方;至此構成原地左鷹捉,亦即三體左式(圖 2－8a,2－8b)。

要領:

(1) 原地鷹捉,是不借後脚蹬進跟步,稍借重心變化而原地能發勁的高度技巧。雖然每趟拳開式都練它,有的人仍感不足甚至單練它。但是,有的人爲了省事而不練它,只是一擺三體姿勢就罷。兩者得失却大有差異。

(2) 當左脚邁出,右脚尖外展但必須符合前踵對後踝的樁步的要求。

(3) 要充分體現“起落、鑽翻”的特殊技巧和完整勁來。

圖 2－1、2、3、4、5、6、7、8 的動作全過程,即尚氏形意拳每趟拳開始的預備式(有少數例外)。經云“起手鷹捉”即指此。本書所寫的五行、連環拳都用它作預備式,以下從略。

(二) 進步右鷹捉

1. 撤半步回收:接上式,左手抓握變拳,繼而墜肘貼肋回拉,邊回拉左小臂邊外旋，使拳心向上，停於臍之左側；與此同時右掌也變拳，外旋微回拉，停於臍之右側；當左拳旋轉回拉時，左脚亦同時回收，緊靠於右脚裏踝骨，脚尖、膝尖向前；右膝緊靠左膝裏側；目視前方(圖 2 - 9)。

要領：

(1) 變拳時要從小指卷起，握實心拳，不得用拙力；回拉時拳及小臂要擰轉并用腰勁。

(2) 左脚回收與兩拳擰轉回拉，要動作、勁力一致，不得長身，保持原有高度。

2. 提步左鑽：左拳向裏擰轉沿身體中綫上鑽至頦下(圖 2 - 10)；動作不停，右脚屈膝後蹬，左脚貼地向前趟進，踩落；右脚隨即向前跟進提靠在左脚裏側，右脚踝骨壓靠在左脚踝骨之上，即右提步；與左脚趟進的同時，左拳由頦下向前上方，向外擰轉鑽出，高不過眉，拳心斜向外，小指處拳眼向上；目視左拳(圖 2 - 11)。

要領：

(1) 左拳沿身體中綫上鑽時，要“肘不離肋，手不離心”，不得努氣，不用拙力。

(2) 左拳前鑽輿左脚前趟要同時進行，做到上下相隨；要沉肩、墜肘，發腰勁，做到腰催肩、肩催肘、肘催手；上體保持似正非正，似斜非斜，發揮“龍折身”的作用。

(3) 右脚提步時，右脚裏踝骨壓靠在左脚裏踝骨之上，右脚尖翹起，脚掌要平；所有提步，分别左、右兩脚都按此要求，下略。

(4) 提步時重心要穩，不得左右摇擺。

3. 上步右鷹捉：右拳貼心口上鑽至左臂肘窩上部(圖 2 - 12)；動作不停，左脚後蹬，右脚向前用力趟進踩落，左脚隨即向前跟進半步，成樁步；與此同時，右拳沿左臂向前上鑽出，當兩拳上下相遇時，兩拳同時變掌，右掌則由上向前、向下翻落，掌心向下，高與心口齊；同時左掌由上向下、向裏翻轉貼肋回拉，靠在臍之左側，掌心向下；目視右掌前方(圖 2 - 13)。

要領：

(1) 右掌翻落時要沉肩，墜肘用腰勁，要做到“三尖”對；要利用“三催”之勁，抻出“三星”，力達梢節；左掌翻轉回拉要與右掌向前翻落的動作、勁力協調一致，兩掌有擰轉撑拔之勁。

(2) 左脚後蹬，右脚前趟、踩落要與右掌的翻落同時完成，以做到

“手脚齊到才爲真”的技法要求；起鑽落翻要如“水之翻浪”走弧形；動作要從舒展、自然中求得上下和諧；從自然、和諧中的完整一致，逐步求得迅猛剛實以練好剛勁；在行進中身體不可有起伏。

（三）進步左鷹捉

1. 撤半步回收：右掌握拳向下，向裏貼肋腹回拉，邊拉邊向外擰轉，靠於臍之右側，拳心向上；與此同時，右脚亦貼地回收靠於左脚裏踝骨，脚尖向前；同時左掌亦握拳向外擰轉，微後拉、靠於臍之左側，拳心向上；目視前方（圖 2－14）。

要領：

與（二）－1 同，惟動作左右相反。

2. 提步右鑽：右拳向裏擰轉繼而沿身體中綫上鑽至胸部頦下（圖 2－15）；動作不停，左脚屈膝後蹬，右脚貼地向前趟進、踩落，左脚隨即向前跟進提靠於右脚裏側，即左提步；與右脚趟進的同時，右拳由頦下、嘴前，向前上方、向外擰轉鑽出，右拳高不過眉，拳心斜向外，小指處拳眼向上；左拳在原處配合右拳沉勁，緊靠於臍之左側；目視右拳（圖 2－16）。

要領：

同（二）－2，惟動作左右相反。

3. 上步左鷹捉：左拳貼心口上鑽至右臂肘窩上部（圖 2－17）；動作不停，右脚後蹬，左脚向前用力趟進，踩落；右脚隨即跟進半步，成樁步；與此同時，左拳向前、向上鑽出，與右拳上下相遇時，兩拳同時變掌，左掌則由上向前、向下翻落，掌心向下，高與心齊；同時右掌由上向下、向裏翻轉貼肋回拉，靠在臍之右側，掌心向下；目視左掌前方（圖 2－18）。

要領：

同（二）－3，惟動作左右相反。

如此左式、右式反覆交替練習，動作多少視場地的大小、路綫的長短而定，現以做完左鷹捉回身爲例，轉身往回練。

（四）鷹捉回身式

1. 扣脚收拳：兩掌同時握拳；重心不變，左脚以脚跟作軸，脚尖裏扣與右脚成内八字形；同時左拳向下向裏屈臂，邊外擰邊回收靠於臍左側，拳心向上；同時右拳亦外擰，微回收靠於臍之右側，兩拳對稱；目視左方（圖 2－19）。

要領：

（1）左拳屈臂回收，要用肘拉手；收拳扣脚要上下相隨，動作一致。

（2）左拳與右拳外擰束身，動作與勁力亦要完整一致。

2. 轉身收脚：上動不停，上體右轉，重心移至左脚；右脚以前脚掌爲軸，脚跟裏轉貼地回收靠於左脚裏踝骨處；目視前方（圖 2－20）。

要領：

（1）重心轉移時，要注意保持身體正直，不可前俯後仰，不要長身，更不要突臀。

（2）右脚回收，右脚尖、右膝朝前，左膝裏扣貼於右膝窩裏側，兩腿要靠緊。

（五）進步左鷹捉

動作要領同（三）（圖 2－21、圖 2－22、圖 2－23、圖 2－24）。

以下仍可左、右式交替練習；練到鷹捉起端，回身後，練完左式（圖 2－25）即可收式。如中途欲收式，亦必須在練完左式時方可收式。

（六）鷹捉收式

動作及要領與三體式收式同（圖 2－26、圖 2－27、圖 2－28、圖 2－29、圖 2－30、圖 2－31）。

鷹捉的動作圖解

圖2－1

圖2－2

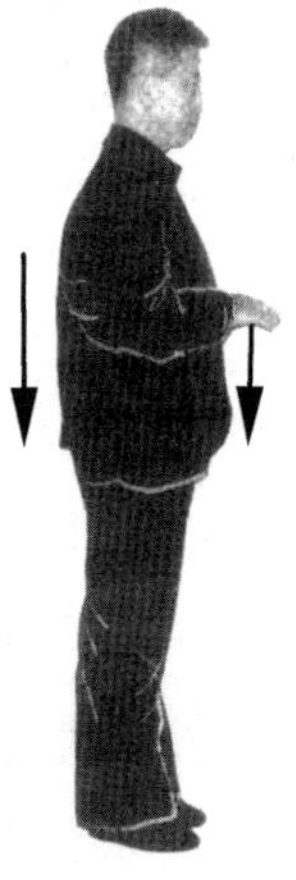

圖2-3

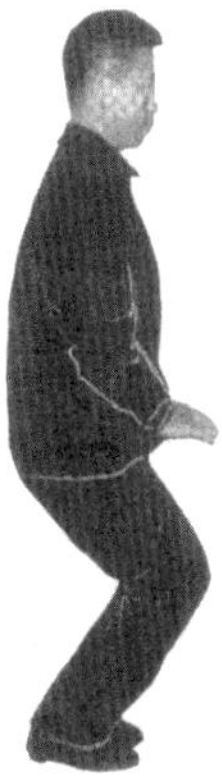

圖2-4

圖2-5

圖2-6

圖2-7

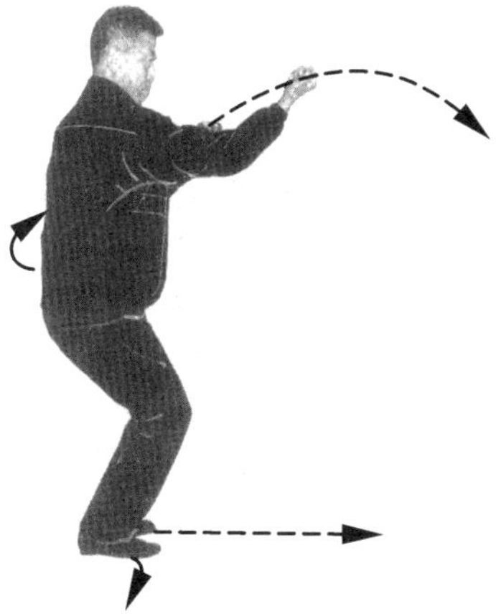

圖2-8a

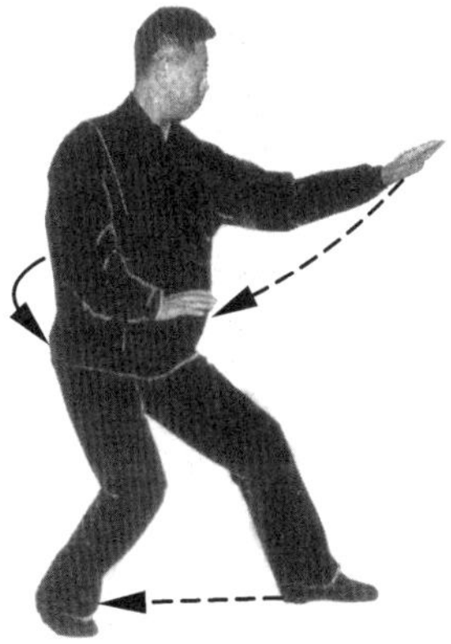

圖2-8b

圖2-9

圖2-10

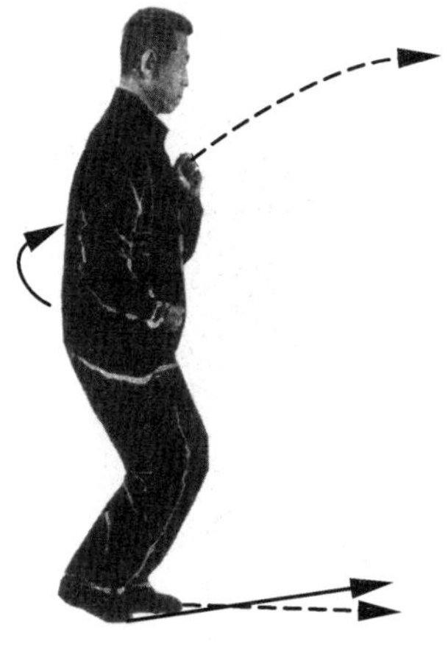

圖2-11

圖2-12

圖2-13

圖2-14

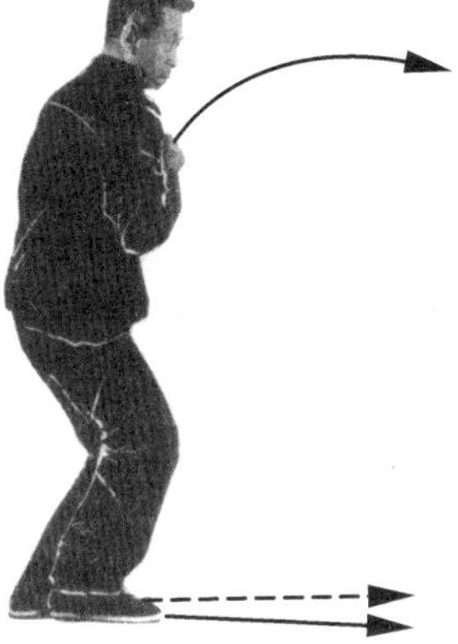

圖2-15

圖2-16

圖2-17

圖2-18

圖2-19

圖2-20

圖2-21

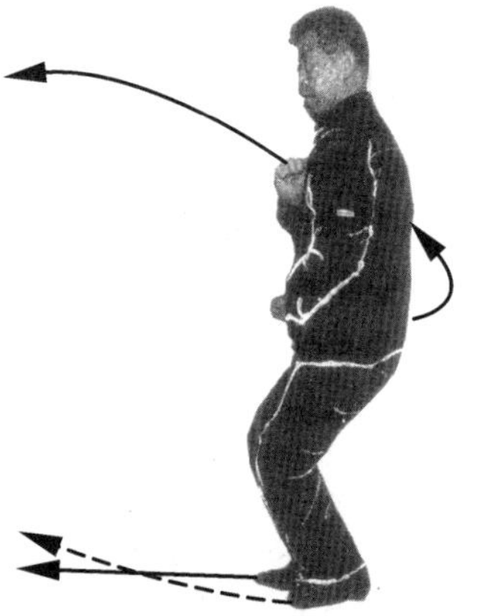

圖2-22

圖2-23

圖2-24

圖2-25

圖2-26

圖2-27

圖2-28

圖2-29

圖2-30

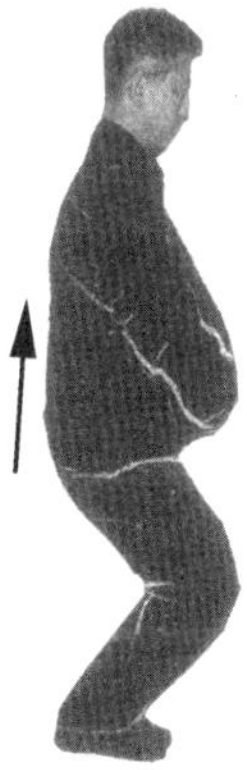

圖2-31

四　五行拳

五行拳是以内經陰陽五行之説爲理論根據的，是按五行的“生剋制化”之理加以運用的。經云：“劈拳之形似斧屬金，鑽拳之形似電（似閃）屬水，崩拳之形似箭屬木，炮拳之形似炮屬火，横拳之形似彈屬土。”既然按五行之説來練五行拳，就不能不講究“生剋制化”。因爲五行拳是鍛煉形意拳的根本，是以祛病健身、變化人之氣質爲前提的，是以培養技法、加深功底爲目的的。所以我們練它就要按拳經所指的五行相生之理以自修，按金生水，水生木，木生火，火生土的道理，按劈生鑽，鑽生崩，崩生炮，炮生横的順序來鍛煉，才會加功增益，少走彎路。如果不是這樣，順序一顛倒，就出了問題。劈拳屬金，崩拳屬木，練完劈拳接着就練崩拳就不當；鑽拳屬水，炮拳屬火，練完鑽拳就練炮拳就更不當，因爲一個是金剋木，一個是水剋火。《内經》云：“木得金而伐，火得水而滅。”本爲增益而練，非制“過亢”而用，這樣相剋地練，不但按五行之理是大謬不然，就是講練功之效亦大相徑庭。所以尚雲祥先生教授五行拳則特别强調按劈、鑽、崩、炮、横的順序來練。這也形成尚氏形意的一個特點。

尚氏形意的五行拳在動作技法和運動形式上，也是别具特色的，其劈拳和鑽拳則與一般拳法更有顯著的差别。

經云：“劈拳之形似斧属金。”既叫“拳”就不是掌，既講“劈”就該有似斧之形，又該有似斧之勁。有些人把鷹捉當成劈拳，顯然是不對的。而尚先生所教的劈拳與鷹捉在形式上雖僅是拳與掌的區别，而實質却有極大的差異。鷹捉用掌，是梢節發勁；劈拳用肘，是中節發勁。它最可貴的是超出武術一般技法慣例，不用關節突出處打人、發勁，而其劈勁的着力點，却在拳與肘之間的前小臂上，故有劈拳肘打之説。因之，在技法上，它則是别具特殊效用和涵義，成爲形意拳的精華之一。

經云：“鑽拳之形似電（似閃）屬水，内通於腎。”這一象形取意的要求，是既有實用技法，又具有健身作用的，缺一就失去了鑽拳的真正價值。而尚先生所敎的鑽拳，既有甩臂、摟掌、似閃之形，又有抖腰、助腎之功。故而不論是外形和内意，都是練功和健身，效益都是較爲顯著的。

由上述兩拳可略見尚氏五行拳的特色，不論是動作還是勁路，可以説一種拳一種勁，甚至一種拳有幾種勁，毫不雷同，各具特點。在步法上，突出的是“夾剪腿”“槐蟲步”。變化起來有進步、退步、斜步、墊步、半步、扣步和提步。講起發勁，是進也打，退也打，有前趟，有後蹬，步步體現出“脚打七分”的特點。

尚先生教練五行拳，突出地講練功、找勁和發揮内在的精神作用，很少講招法。經云：“以上以下十四處打法，俱不脱丹田之氣。”（實際拳經還列有肋腹打一處，故應爲十五處打法）説明它的核心是“腰爲主宰”，在五行拳各個技法的要求下，做到“上下相隨”“内外合一”，練出自然、和諧的完整勁以外，還必須能發揮内、外五行的精神和動作威力，才可謂得到五行之神。經云：“五行五精即是五虎”“五行本是五道關，無人把守自遮攔”“四梢但齊，五行亂發”“五行合一處，放膽即成功”等。細細玩味，通過實踐，確感到它有助精神、長勇氣的作用。這在技擊上該是多麼重要的一環。先生説“内要提”就是要把内在精神提起來，包括把内五行發動起來。“心動如飛劍，肝動似火焰，肺動成雷聲，脾動腎加功。”這樣發動，自然會倍增克敵制勝的信念和威力。這也構成尚氏五行拳豐富内涵之一。

還該説明的一點是，尚氏形意最顯見的特色，是它的動作和發勁，既迅猛又剛實。這是在鍛煉中一再要求做到拳經所説的“起如風，落如箭，打倒還嫌慢；起如箭，落如風，追風趕月不放鬆”而形成的。但是它的動作是從不努氣，不用拙力，輕鬆自然中求得的。先要“鬆得開”，再求“打得長，放得遠，落得實，發得快”，剛勁才能真正打好。只有真正掌握到剛勁的“爆發勁”才算有了“發人”的本錢。而這一風格是從五行拳就開始磨練的，故而説，能正確理解和練好五行拳，是掌握形意拳真諦的所在，因而應抉微以求之。

中醫根據陰陽五行以治病，我們利用五行拳以祛病健身，還是有實效的。如肝臟不健，就多練鑽拳，滋腎水以養肝，再多練崩拳以舒肝木，這用的就是相生之理。如肝經“過亢”，肝火過旺，反用相剋之理多練劈拳，用金制木，再多練崩拳以舒肝亢。這樣有的放矢，比一般鍛煉或單練崩拳效果就好些。爲了祛病健身，不妨依此理試試。

五行的五趟拳主要是握拳發勁的動作，故要先明確握拳的方法和它的技術要求。

握拳方法：要先從小指卷起，握實心拳，但不能用拙力。拇指卷握要壓食指，扣中指，發勁着力點集中於食指和中指根節。

仰拳：鑽出或横出之拳，要盡量向外擰轉，不僅拳心向上，而且使小指窩也能接近朝上，這樣使前拳和小臂看是直出，却内含較大的不見形的横勁。這就是拳經所求的“起横不見横”是也。如：劈拳的起鑽之拳，以及鑽拳和橫拳皆如是(圖 3－1)。

立拳:打出或劈出之拳,除虎口向上,還要使拳的腕窩抻得最大,使拳增大前頂和下扣之勁。經云"明了三星多一力",正是要求把肩窩、肘窩和這個腕窩抻開。明了這"三星"之拔,自然肩催肘、肘催手的"三催"勁整,貫於梢節,這叫"一寸長,一寸强",故云多一力也。如:劈拳的落劈之拳,以及崩拳和炮拳皆如是(圖 3－2)。

爲了區别前進步法,凡左右脚進兩步者稱"進步",凡一脚進一步者稱上步。但必須注意凡向前動步皆要有後蹬前趟之勁。

爲了便於記憶五行各拳的技法要領,近代人曾編有五行拳各拳之歌,惜不失之過於膚淺,就贅於牽强附會。爲了便於學者掌握尚氏五行拳各個不同的體用技法特點,對各該歌訣重新做了改編,分别列於各拳動作説明之前,以供參考。

劈　　拳

劈拳的“形”“意”淺説

經云：“劈拳之形似斧，屬金”，“内通於肺外竅於鼻，在體爲皮毛”，居五行拳之首。既説似斧，練它就得有似斧之形以求得似斧之勁。它是以前臂的拳和小臂作爲發勁的着力點，亦即爲“劈拳之形似斧”的“斧刃”。因用前臂的中節發勁，故有“劈拳肘打”之説。由於練它可以求得不用關節突出處打人、發勁，所以便成爲形意中具有特殊技法的基本功夫，向爲前人所珍視，因之得其竅要者少，多誤以鷹捉代之，實大謬也。劈拳拳型兩種(圖 3－1、圖 3－2)。

劈拳歌訣：

劈拳似斧性屬金，生鑽剋崩妙絶倫。

體爲皮毛鼻通肺，小臂發勁勁乃神。

劈拳的具體練法

(一) 預備式

即原地左鷹捉，動作及要領詳見鷹捉的具體練法之(一)(圖 3－3 至圖 3－9 從略，動作圖解由圖 3－10 開始)。

(二) 進步右劈拳

1. 撤半步回收：由鷹捉開始，左手抓握變拳，繼而墜肘貼肋回拉，邊回拉左小臂邊外旋，使拳心向上，停於臍之左側；與此同時右掌也變拳外旋微回拉，停於臍之右側；當拳旋轉回拉時，左脚同時回收緊靠於右脚裏踝骨，脚尖、膝尖向前，右膝緊靠左膝裏側；目視前方(圖 3－11)。

要領：

(1) 兩手變拳，不得用拙力；回拉時拳及小臂要擰轉并用腰勁，如撕物狀。

(2) 左脚回撤與兩拳擰轉回拉，動作、勁力要協調一致，同時完成，不得長身。

2. 提步左鑽：左拳向裏擰轉沿身體中綫上鑽至胸部頦下（圖 3－12）；動作不停，右脚屈膝後蹬，左脚貼地向前趟進、踩落，右脚隨即向前跟進，提起靠在左脚裏側，即右提步；與左脚趟進的同時，左拳由頦下向前上方，向外擰轉鑽出，左拳高不過眉，拳心斜向外，小指處拳眼向上；右拳在原處配合左拳沉勁，緊靠於臍右側；目視左拳（圖 3－13）。

要領：

（1）左拳由腹部貼身體中綫上鑽時要貼緊，不可憋氣。

（2）左拳前鑽與左脚前趟同時進行，身體擰轉 45°，保持上體似正非正，似斜非斜；沉肩墜肘，要用腰勁把左拳鑽出，做到腰催肩、肩催肘、肘催手的要求。

（3）右脚提步，兩脚靠緊，重心要穩。

3. 上步右劈拳：右拳貼心口上鑽至左臂肘窩上部（圖 3－14）；動作不停，左脚後蹬，右脚向前用力趟進踩落，左脚隨即向前跟進半步，成樁步；與此同時，右拳沿左臂向前上鑽出，當兩拳上下相遇時，兩拳同時擰轉，右拳由上向前、向下劈落，拳眼向上，右前臂高與心口齊；同時左拳由上向下，向裏貼肋回拉靠在臍之左側，拳心向上；目視右拳前方（圖3－15）。

要領：

（1）右拳劈落要沉肩墜肘用腰勁，要做到“三尖”相對；要利用“三催”之勁，抻出“三星”，力達前小臂。左拳回拉與出右拳的動作，勁力要協調一致。

（2）左脚後蹬，右脚前趟、踩落要與右拳劈落同時，完成“手脚齊到才爲真”的技法要求；動作、勁力從自然、和諧中逐步求得迅猛、剛實，以打好剛勁；行進中身體不可有起伏。

（三）進步左劈拳

1. 撤半步回收：左拳不動；右拳向下、向裏貼肋腹回拉，邊拉邊向外擰轉靠於臍之右側，拳心向上；與此同時，右脚貼地回收靠於左脚裏踝骨，脚尖向前；目視前方（圖 3－16）。

要領：

同（二）－1，惟動作左右相反。

2. 提步右鑽：右拳向裏擰轉（拳眼貼身）繼而沿身體中綫上鑽至胸部頦下（圖 3－17）；動作不停，左脚屈膝後蹬，右脚貼地向前趟進、踩落，左脚隨即向前跟進提靠於右脚裏側，即左提步；與右脚趟進的同時，右拳由頦下向前上方向外擰轉鑽出，右拳高不過眉，拳心斜向外，小指處拳眼向上；左拳在原處配合右拳沉勁，緊靠於臍之左側；目視右拳（圖3-18）。

要領：

同（二）-2，惟動作左右相反。

3. 上步左劈拳：左拳貼心口上鑽至右臂肘窩上部（圖 3-19）；動作不停，右脚後蹬，左脚向前用力趟進、踩落，右脚隨即跟進半步成樁步；與此同時，左拳沿右臂向前上鑽出，當兩拳上下相遇時，兩拳同時擰轉，左拳由上向前、向下劈落，拳眼向上，高與心口齊；同時，右拳由上向下向裏貼肋回拉靠在臍之右側，拳心向上；目視左拳前方（圖 3-20）。

要領：

同（二）-3，惟動作左右相反。

如此左、右式交替練習，動作多少視場地的大小、路綫的長短而定。現以練完左劈拳回身爲例，轉身往回練。

（四）劈拳回身式

1. 扣脚收拳：重心不變，左脚以脚跟爲軸，脚尖裏扣與右脚成內八字形；同時左拳向下、向裏，屈臂回收至臍左側，拳心向上，與右拳對稱；目視左方（圖 3-21）。

2. 轉身收脚：上體右轉，重心移至左脚；右脚以前脚掌爲軸，脚跟裏轉貼地回收靠於左脚裏踝骨，脚尖向前；目親前方（圖 3-22）。

要領：

（1）左拳回收要借腰勁用肘拉手，邊拉邊擰。

（2）重心轉移時，要注意保持身體正直，不要長身，更不要突臀。

（3）右脚回收右膝朝前，左膝裏扣，貼於右膝窩裏側，兩腿要靠緊，左脚尖指向前方。

（五）進步左劈拳

動作及要領與（三）同，惟方向相反（圖 3-23、圖 3-24、圖 3-25、圖 3-26）。

以下仍可左右交替練習；練到劈拳的起端，回身後，練完左劈拳（圖 3-27）即可收式。如中途欲收式，亦必須在練完左式時方可收。

（六）劈拳收式

動作及要領與三體式之收式同（圖 3-27）以下從略。

劈拳的動作圖解

圖3-1

圖3-2

圖3-10

圖3-11

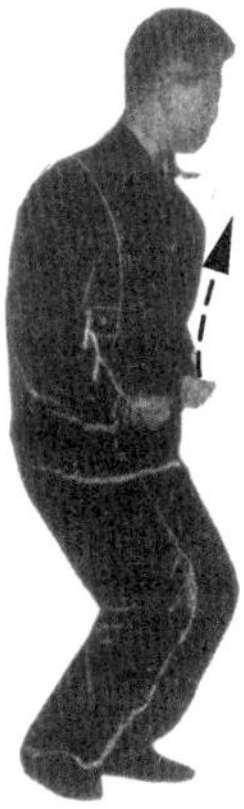

圖3-12

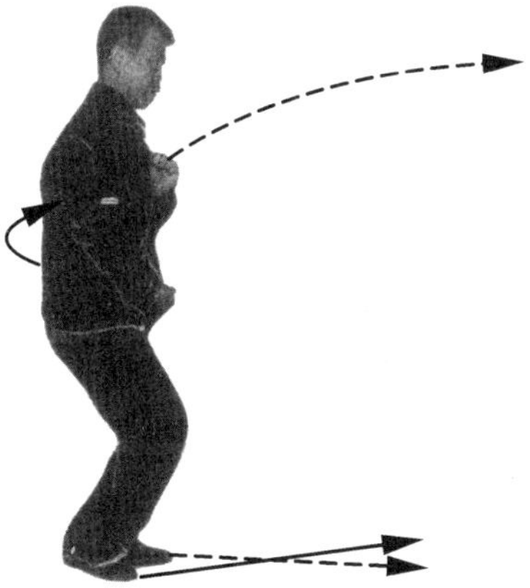

圖3-13

圖3-14

圖3-15

圖3-16

圖3-17

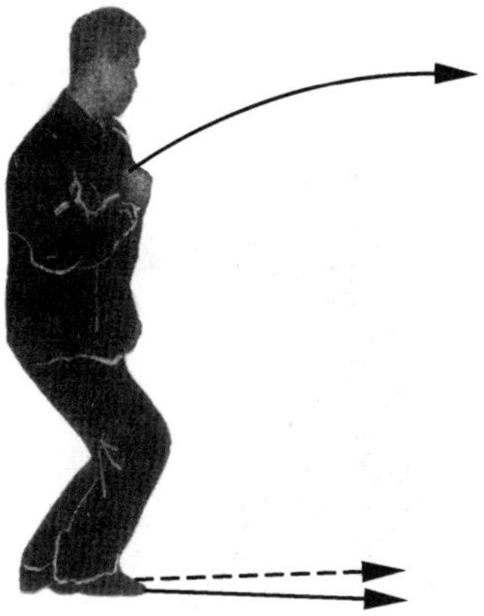

圖3-18

圖3-19

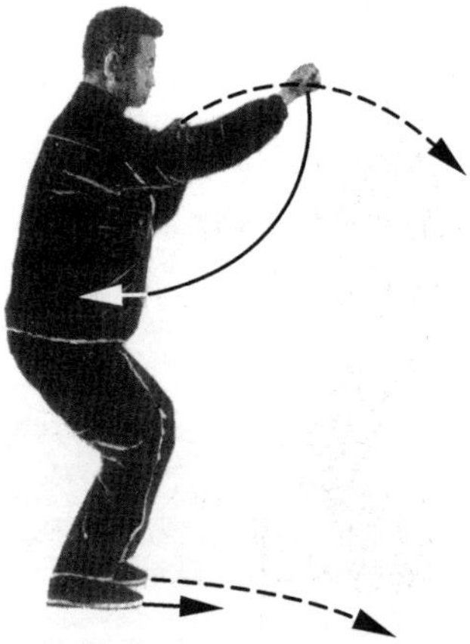

圖3-20

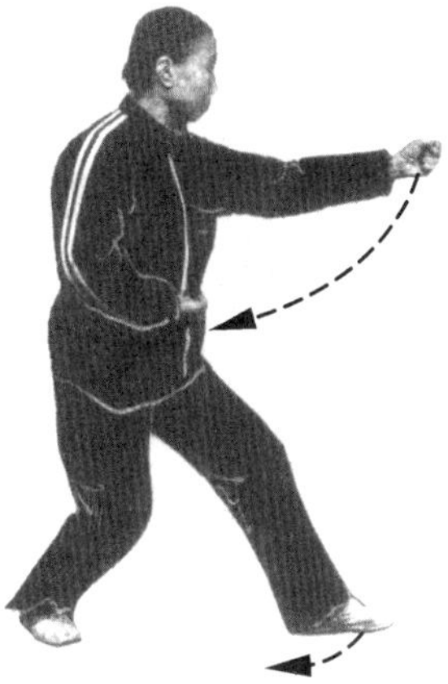

圖3-21

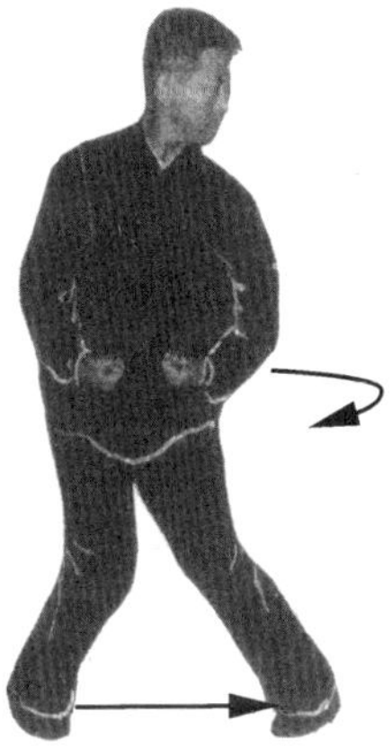

圖3-22

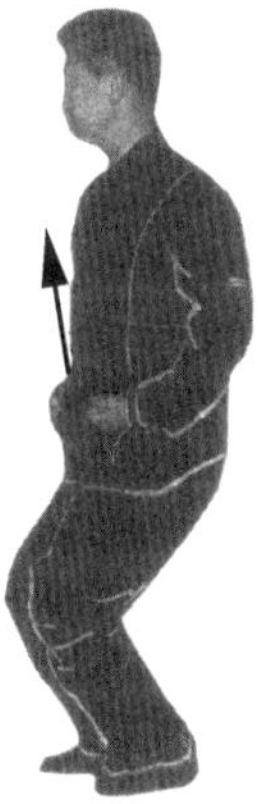

圖3-23

圖3-24

圖3-25

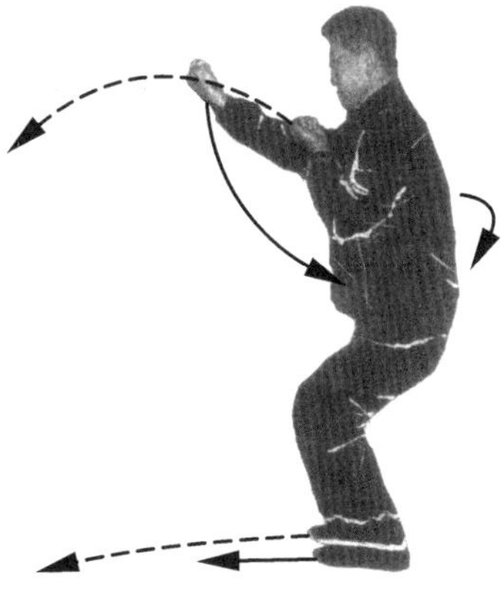

圖3-26

圖3-27

鑽　拳

鑽拳的“形”“意”淺説

經云：“鑽拳之形似電、似閃屬水”“内通於腎，外竅於耳，在體爲骨”，屬五行拳之二。古時説“電”就指雷雨天的閃電。但拳經所説的“似電”“似閃”，絶不是指速度，而是指像物之形。既説“似閃，内通於腎”，就得有似閃之形，又得有助腎腰之功，才合經義。而尚氏形意的鑽拳，確與一般不同，於每一鑽拳打出之前，前手先是發“捋勁”往回、往裹刁掛，接着就往外、往前、往裹發摟撥的“包裹勁”。這一連貫動作，就是明顯的似閃之形。由於這一回刁和往前摟撥，腰部要發揮迴環、擺抖的發勁運動，故使腰部得到良好地鍛煉和抻拔，就有强壯腎腰的作用。因之這樣練，不論從外形、内意以及實際作用來講，都確乎是符合經義要求的。另從技擊涵義來講，這樣練前手往回刁掛其意在腕，既是顧法又是打法；手腕刁回屈肘於胸，其意在小臂，是顧中蓄力待發。也可用小臂發勁，則更具有蓄中之發了；外擺裹合的摟撥其意在手的虎口，是摟撥發勁，也是亦顧亦打。這一連續動作，分而可爲三，合而可爲一，就形成了形意其他拳法所没有的“包裹勁”。

有的人把形意功法“八字”中的“截”説成是鑽拳；把“裹”説成是横拳。正因爲鑽拳没有似閃之形，就體現不出“包裹勁”，所以才把兩者弄顛倒了。實際“八字功”的“斬、截、裹、胯、挑、頂、雲、領”在功法中是另有動作，絶不是五行拳加燕、鮀、蛇形拳，因爲它是“功”不是“拳”。如果結合横拳與鑽拳的特殊勁來説，這樣説也不適當。比如横拳的裹穿是爲了向外的横發。主要技法既是爲了向外的横發，當然就不該稱它爲“裹”。而且它的“起横不見横”的技法正是爲了截擊對方，所以説它實質是“截”，絶不是“裹”；而鑽拳的下扣是爲了上鑽的打。它主要技法即是爲了鑽打，所以説它也不是“截”。它的似閃之形，往裏刁掛和往前摟撥；正是體現“如包裹之不露”的技法，所以説它實質是“裹”，而不是“截”。正因爲鑽拳有了這種包裹勁，也彌補了形意缺少裹撥發勁的不足，助長了形意技法的全面性。山西戴家把它列入“三拳三棍非尋常”的“三拳”之一，説明它有它技法的特殊性。如果只是一扣一鑽地練，就失掉了它技法的特殊性。

尚氏形意的鑽拳多出一個“似閃之形”的動作，故其手型亦增加了變化，當前手往回往裏刁掛時手型叫“刁手”(圖 4－1a、4－1b)，往前摟撥時掌型叫“摟掌”(圖 4－2)。

鑽拳歌訣：

鑽拳似電性屬水，生崩剋炮若閃雷。

在體爲骨耳通腎，摟臂抖腕腰勁催。

鑽拳的具體練法

(一) 預備式

即原地左鷹捉，動作及要領詳見鷹捉的具體練法之(一)。圖 4－3 至圖 4－9 從略，動作圖解由圖 4－10 開始。

(二) 進步右鑽拳

1. 撤半步左刁掛：左小臂向外擰轉，掌心向上；右手變拳向外擰轉稍回拉，靠於臍之右側，拳心向上(圖 4－11)。動作不停，腰微左轉，左脚貼地回收，脚跟靠於右脚裏踝，脚尖向前；同時，左臂屈肘掌變刁手，向右、向裏刁掛回收至左胸前，四指尖向下；小臂平屈於胸前，不得貼身，與身體有一拳之隔；目視左小臂之刁手(圖 4－12a、4－12b)。

要領：

(1) 刁掛與撤步動作要協調一致。

(2) 刁掛時要沉肩墜肘，着意於腕，要用腰勁。

2. 提步左摟掌：左臂邊向裏擰轉，邊向左下掛，邊將刁手變掌向前，向上變立掌向裏摟撥，停於頭前，虎口高與眼平；同時，右脚屈膝後蹬，左脚貼地向前趟進、踩落，右脚隨即跟進提起靠於左脚裏側踝關節處，成右提步；目視前掌(圖 4－13a，4－13b)。

要領：

(1) 左掌向前，向裏摟撥，要將虎口完全撑開，着意於虎口；要用腰催肩，肩催肘，肘催手的“三催”勁；并要發抖腕、甩掌之勁，動作要一氣呵成。

(2) 上步要與摟撥甩掌動作上下協調，勁力完整，身體不可左右搖晃；上體要順腰拔背，似正非正，似斜非斜；右拳靠身沉勁輔之。

3. 上步右鑽拳：右拳向外擰轉，貼身上鑽至左臂肘窩裏側（圖 4-14）；動作不停，左腿屈膝後蹬，右脚貼地向前趟進踩落，左脚隨即跟進半步，成樁步；與此同時，右拳貼左臂向前上方鑽出，高不過眉；當右拳前鑽與左掌上下相遇時，左掌則抓握變拳，向下向後貼肋邊向外擰轉，邊回收至臍之左側，拳心向上；目視前拳（圖 4-15）。

要領：

（1）右拳前鑽，左掌變拳扣收，與向前進步動作勁力要協調一致。

（2）前拳、前脚與鼻尖要三尖對。

（3）兩手相撐，腰爲主宰同時作用，右拳打出要有鑽銼勁。

（三）進步左鑽拳

1. 撤半步右刁掛：右拳五指伸開變掌，掌心向上（圖 4-16）；動作不停，右脚貼地回收，脚跟靠於左脚裏踝，脚尖向前；與此同時，腰微右轉，右臂屈肘掌變刁手，向左、向裏刁掛回收至胸前，四指尖向下，小臂平屈於胸前，不得貼身，與身體有一拳之隔，要沉肩墜肘；目視右小臂之刁手（圖 4-17）。

要領：

同（二）之 1，惟左右相反。

2. 提步右摟掌：右臂向裏擰轉，邊向右下掛，邊將刁手變掌，向前、向上變立掌向裏摟撥，停於頭前，虎口高與眼平；同時左脚屈膝後蹬，右脚貼地向前趟進、踩落，左脚隨即跟進提起靠於右脚裏側踝關節處，成左提步；目視前掌（圖 4-18）。

要領：

與（二）之 2 同，惟左右相反。

3. 上步左鑽拳：左拳向外擰轉，貼身上鑽至右臂肘窩裏側（圖 4-19）；動作不停，右腿屈膝後蹬，左脚貼地向前趟進、踩落，右脚隨即跟進半步、成樁步；與此同時，左拳貼右臂向前上方鑽出，高不過眉；當左拳前鑽至與右掌上下相遇時，右掌變拳向下，向後貼肋回收至臍之右側，拳心向上；目視前拳（圖 4-20）。

要領：

與（二）之 3 同，惟左右相反。

如此左、右交替向前練習，動作的多少，路綫的長短，視場地而定，左、右皆可回身。現以練完左鑽拳回身爲例，轉身往回練。

（四）鑽拳回身式

1. 扣脚收拳：重心不變，左脚以脚跟爲軸，脚尖裏扣與右脚成内八字形；同時，左拳向下，向裏屈臂回收至臍之左側，拳心向上，與右拳對稱；目視左方（圖 4－21）。

2. 撤步刁掛：上體右轉，重心移至左脚，右脚以脚掌爲軸，脚跟裏轉貼地回收靠於左脚裏踝，脚尖向前；同時，右拳變刁手，四指尖向下，小臂上提，平屈置於右胸前，不得貼身，小臂與身有一拳之隔；目視右小臂之刁手（圖 4－22）。

要領：

（1）左拳回收要以肘拉手、借腰勁擰擄。

（2）左脚尖裏扣，和重心轉移時，要注意身體保持正直，不得長身，更不可突臀。

（3）轉身、收脚、刁掛等一系列動作要做得分明，上下協調。

（五）進步左鑽拳

動作及要領與（三）之 2、3 同（圖 4－23、圖 4－24、圖 4－25）。

以下仍可左、右交替練習，練到起端回身後，練完左鑽拳即可收式。

（六）鑽拳收式

動作及要領與三體式之收式同（圖 4－26）。其他五動從略。

鑽拳的動作圖解

圖4-1a

圖4-1b

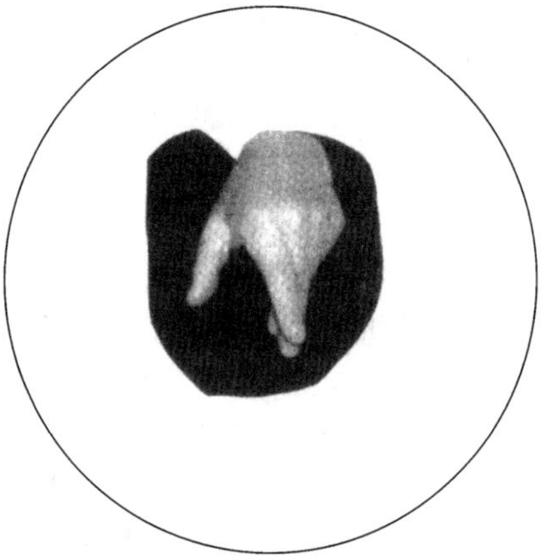

圖4-2

圖4-10

圖4-11

圖4-12a

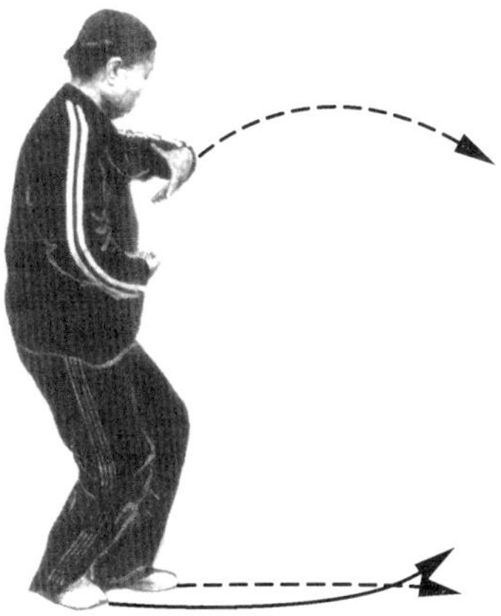

圖4-12b

圖4-13a

圖4-13b

圖4-14

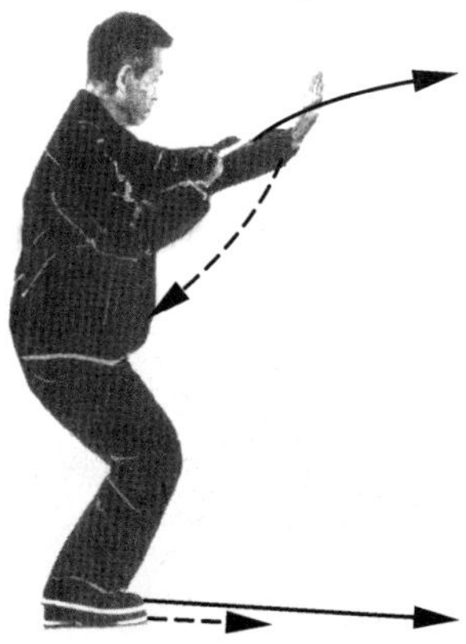

圖4-15

圖4-16

圖4-17

圖4-18

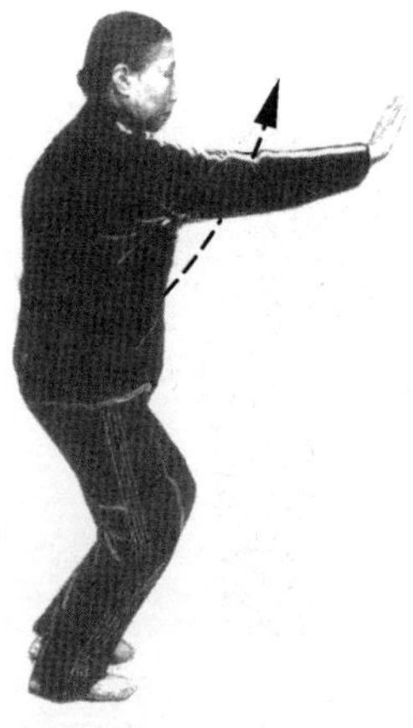

圖4-19

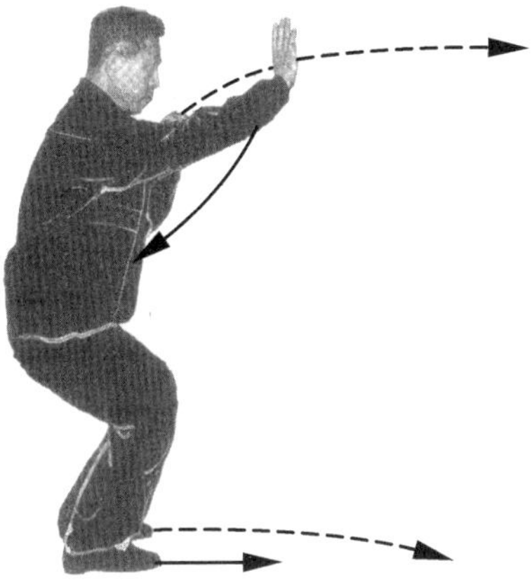

圖4-20

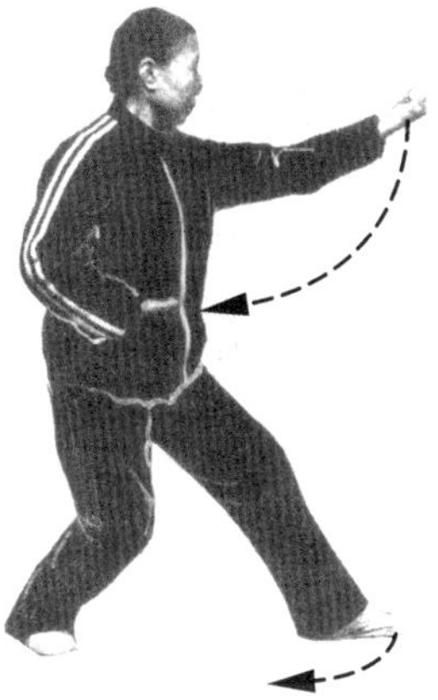

圖4-21

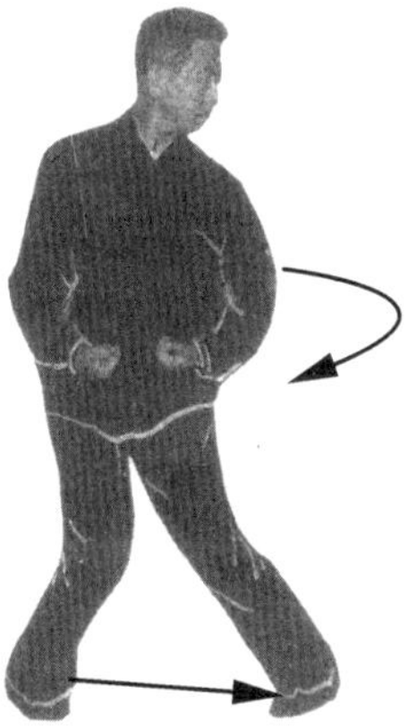

圖4-22

圖4-23

圖4-24

圖4-25

圖4-26

崩　　拳

崩拳的“形”“意”淺説

經云:“崩拳之形似箭屬木”“内通於肝,外竅於目,在體爲筋”;居五行拳之三。其形似箭,説明它的勁是直而疾,拳是直出直入,道既近,手又快;且在“脚踏中門搶地位,就是神手也難防”的技法指引下,它步步脚踏中門,故它的進步不僅徑捷而且力猛;再加上“沾身縱力”,不論是近擊重傷,還是遠摔輕放,用崩拳都方便,故效果也較突出。因之在人們心中崩拳厉害,使成了形意門的特長。尤其是形意前輩郭雲深和尚雲祥先生皆以“半步崩拳打遍天下”而揚名武壇,就更增加了崩拳威力的聲望。

崩拳只是前脚墊進,而後脚并不前邁,故稱“半步崩拳”。單從只進半步來看,該説是缺點,而不是長處。可是,正因爲如此才出人意外,才顯出崩拳的厲害。其實崩拳的前脚墊進雖是半步,却有一步之遠。雖是前脚墊進,却比後脚上步的衝力還大。這就是久練“脚打踩意不落空,消息全憑後足蹬”“脚打七分手打三”“去意好似卷地風”等技法得來的威力。掌握了這些技法,崩拳的半步才成爲可貴的長處。如果没有“脚打”,則威力起碼要丢失一半。

崩拳的拳,雖是前脚邁一步打一拳,左右交替,但絶不是靠“連珠炮”以速度勝人。經云:“拳去不空回,空回總不奇”“火機一發物必落”,這些都充分説明,拳勁的要求是,打出一拳就得有一拳的效果。要“明瞭三星多一力”使它内涵有擰、裹、抻、拔之勁,又有“三催”之勁使之勁整力大。特别是對“拳打三節不見形”的理解和鍛煉,習之既久,意到功深,自會出拳必果不犯空回了。如果拳無此意、脚無脚打地練崩拳,則無奇可恃矣。

有人説形意的“八字”功法中的“胯”是崩拳,這是不恰當的。不用説“八字”是功不是拳,“八字功”就不應包括崩拳。如果講“胯”打的勁,在形意技法竅要中，常說的却是“蛇形胯打”，故講“胯”勁該是蛇形也不是崩拳。

尚氏形意的崩拳，要求打出它特有的直勁來，腰如弓發，使身力得逞；兩拳擰裹又相輔相撑，出拳要勢若奔雷，打出迅猛剛實的勁；兩脚前趟，後蹬，又如“卷地之風”要勁疾而步遠。因之形成了自有的獨特風格。

崩拳歌訣：

崩拳似箭屬木性，生炮剋横半步功。

在體爲筋肝主目，迅猛剛實拳不空。

崩拳的具體練法

（一）預備式

即原地左鷹捉，動作及要領詳見鷹捉的具體練法之（一）。圖 5－1 至圖 5－7 從略，動作圖解由圖 5－8 開始。

（二）拗步右崩拳

1. 由鷹捉開始，身體不動，兩小臂分别向外擰轉，兩手抓握變拳；左拳虎口向上，沉肩墜肘、小臂平、高與心口齊；右拳拳心向上，右拳和小臂，緊貼臍之右側；目視左拳前方（圖 5－9）。

2. 接上動，身微左擰，重心稍前移，右拳向外擰轉，貼身上鑽至左臂肘窩内側，小指拳眼向上；目視左拳前方（圖 5－10）。

要領：

（1）重心前移、要胯催膝、膝向前弓；身微左轉、注意身體保持正直，不可歪斜。

（2）右拳上鑽至左臂肘窩時，肘不離肋，手不離心，要有含勁。

3. 動作不停，右脚屈膝後蹬，左脚屈膝貼地前趟、踩落，右脚隨即跟進（右膝緊抵左膝窩後裹側，右脚尖不超過左脚跟，與左脚成 45°）；在左脚趟進的同時，右拳貼左小臂上面，向前、向裏擰轉崩出，虎口向上，高與心口齊；左拳同時向後、向外擰轉貼肋回拉至臍之左側靠緊，拳心向上；目視右拳前方（圖 5－11a、圖 5－11b）。

要領：

（1）崩出之拳要發腰勁，并要腰催肩，肩催肘，肘催手，用螺旋勁，在擰轉中向前直打，要有爆發力；沉肩墜肘，右臂要抻出“三星”，做到“三尖相對”；左拳之回收要與右拳有擰撕之勁，左右配合，勁力一致。

（2）左脚之趟進，要借右足的蹬勁，要腰催胯、胯催膝、膝催足，出脚要迅疾，走出“卷地風”的勁來，落脚要有踩勁。

（3）擰身出拳要充分發揮“龍折身”的作用，打要遠，氣要催。右拳之打出與左脚之趟進要上下相隨，動作要完整一致；頭向上頂、沉肩墜肘；兩腿靠緊，前膝前弓、周身勁力完整一氣。

（三）順步左崩拳

1. 身微右轉，左拳向外擰轉，貼身上鑽至右臂肘窩内側，小指拳眼向上；目視前方（圖 5－12）。

要領：

與（二）拗步右崩拳之 2 同，惟左右拳相反。

2. 動作不停，右脚屈膝後蹬，左脚貼地向前趟進、踩落，右脚隨即跟進（右膝緊抵左膝窩後裏側，右脚尖不超過左足跟，與左脚成 45°）；在左脚向前趟進的同時，左拳貼右臂上面向前、向裏擰轉崩出，虎口向上，高與心口齊；右拳同時向後、向外擰轉、貼肋回拉至臍之右側靠緊，拳心向上；目視左拳前方（圖 5－13a、圖 5－13b）。

要領：

與（二）拗步右崩拳之 3 同，惟左右拳相反。

（四）拗步右崩拳

動作及要領與（二）拗步右崩拳之 2、3 同（圖 5－14、圖 5－15）。

如此左、右交替向前練習，動作的多少，路綫的長短，視場地而定；不論是打到左崩拳，還是右崩拳皆可回身；但欲回身打最後一拳時，跟步距離應稍大些，以便於扣步回身。現以打完拗步右崩拳回身爲例，則右脚跟步離左脚跟稍遠，約一脚之隔（圖 5－16）。

（五）崩拳回身（狸猫倒上樹）

1. 重心不變、身體右轉，左脚以脚跟爲軸向裏扣，與右脚成内八字形；同時，左拳不動，右拳向外擰轉，隨轉體貼肋回拉至臍之右側靠緊，拳心向上，兩拳對稱；目視左方（圖 5－17）。

要領：

（1）右拳回拉與左脚裏扣動作要上下完整一致。

（2）扣左脚時，上體不可前俯後仰更不可突臀。

2. 上動不停，重心移左腿，隨即向右擰腰轉體 90°，右腿屈膝上提，脚尖外擺；動作不停，借轉身擰腰之力右膝外展，右脚脚跟着意猛力向前踹出；與此同時，右拳隨轉體貼身上鑽，由頦下向前方鑽出；左拳不動，目視右拳前方（圖 5－18a、圖 5－18b）。

要領：

(1) 右脚借向右擰腰轉體之力出脚。

(2) 右脚前踹與右拳前鑽動作要舒展迅猛，要同時完成，前踹高度過膝不過腰，脚要横，脚跟發勁；右脚、右拳與鼻尖應三點一綫。

(3) 踹脚鑽拳時，上體不得左斜右歪；左脚穩實，腿微彎。

3. 動作不停，身體右擰，右脚向前横踩脚尖外展落地，左膝抵於右膝彎處；同時，左拳貼右臂上鑽，至兩拳相遇時同時變掌，左掌向前、向下翻落；右掌同時貼肋邊回拉，邊向裏翻轉，落於臍之右側，掌心向下；目視左手前方(圖 5-19)。

要領：

(1) 右脚之踩落與左掌之翻落和右掌之回拉，動作要協調一致，發勁要嚴整而迅猛。

(2) 右脚踩落後，兩腿夾緊，重心要穩；上體右擰，似斜非斜，舒左臂借擰腰發勁。

(3) 此崩拳回身式，原名“狸猫倒上樹”。右脚向前踩落，如蹬進踩遠，則左脚可以跟步；如借擰身踩落，原地發勁亦可不跟步；但右脚之踩落必須與左掌之翻落，做到手脚齊到，完整一氣。

(六) 拗步右崩拳

1. 右脚向前墊半步，左脚隨即跟進提起，靠於右脚踝關節處，成左提步；同時兩拳一同握拳，左拳向外擰轉變立拳，右拳向外擰轉，拳心向上，接着貼身上鑽至左臂肘部内側靠緊；目視左拳前方(圖 5-20)。

要領：

(1) 墊步、提步和握拳動作要協調一致。

(2) 要動身出拳時，右拳再上鑽，要做到肘不離肋，手不離心，裹住勁。

2. 動作不停，右脚屈膝後蹬，左脚向前趟進、踩落，右脚隨即跟進成崩拳步；與此同時右拳貼左臂上面向前擰轉崩出，虎口向上、高與心口齊；左拳擰轉貼肋回收至臍之左側靠緊，拳心向上；目視右拳前方(圖5-21)。

要領：

與(二)拗步右崩拳之 3 同。

如此左、右交替向前練習至起端回身後，做完第一個拗步右崩拳(圖 5-22)，即可收式，但在收式前要先做退步左崩拳。

（七）退步左崩拳

1. 兩拳不動，重心後移，右脚脚尖仍外擺沿直綫向身後撤一大步，成左弓步（過渡性步型）；目視右拳前方（圖 5－23）。

要領：

爲了練習退步既活又遠，又能退步發勁，故要求退步大而靈活。

2. 此動不停，重心後移，左脚隨即貼地向後撤至右脚裏側成左提步；同時，上體微右擰，左拳貼身上鑽至右臂肘彎部内側，小指拳眼向上；目視右拳前方（圖 5－24）。

要領：

經云："進也打，退也打"，這正是爲退步打而蓄力待發，故左小臂要擰裹涵勁於胸前。

3. 動作不停，重心繼續後移，左脚向後踩跐落地，左膝抵於右腿膝窩裏側，兩腿靠實站穩。與此同時，左拳貼右臂上面，向前、向裏擰轉崩出，虎口向上，沉肩墜肘，發"三催"，出"三星"，拳高與心口齊；右拳在左拳行至其上時，向外擰轉貼肋回拉至臍之右側，貼緊靠實，拳心向上，即成退步崩拳姿勢；目視左拳前方（圖 5－25）。

要領：

（1）做退步崩拳，各分解動作之間不應有停頓；向前崩出之左拳要拔背、抻肩、催肘；右拳回拉要裹肘擰腰；與左脚之向後踩落要動作協調嚴整，同時完成。

（2）左脚向後之踩落、脚掌落地時要有踏地反蹬之勁，并借腰勁以催左拳迅猛崩出，以發揮"退也打"的威力。

（3）兩腿相夾，左脚反蹬；擰腰拔背，沉肩墜肘；頭往上頂而氣沉丹田；周身擰撑發勁要成完整一氣，不可左右摇晃。

（八）崩拳收式

兩拳與身體動作不變，左脚沿直綫向前邁進一步；目視左拳前方（圖 5－26）。以下收式動作及要領與三體式同，五動從略。

崩拳的動作圖解

圖5-8

圖5-9

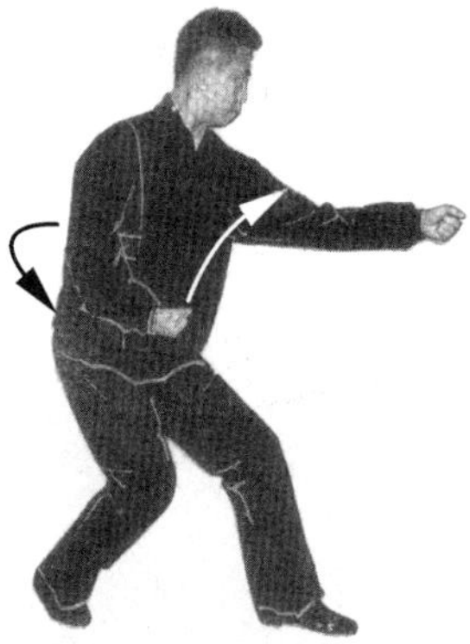

圖5-10

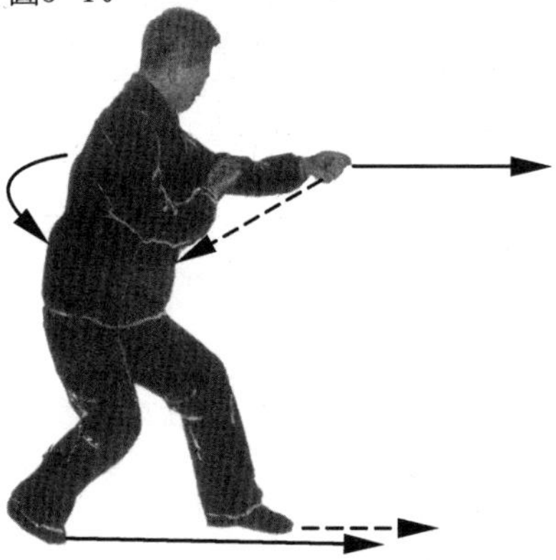

圖5-11a

圖5-11b

圖5-12

圖5-13a

圖5-13b

圖5-14

圖5-15

圖5-16

圖5-17

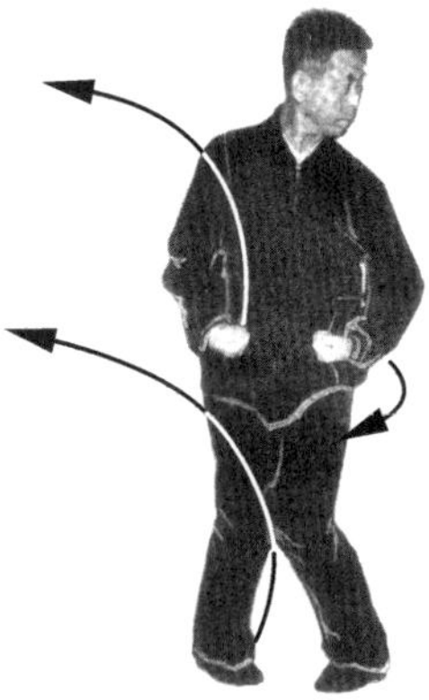

圖5-18a

圖5-18b

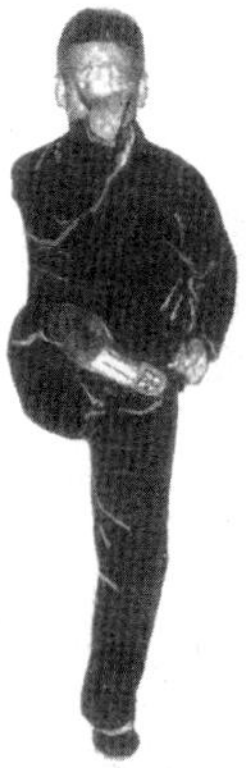

圖5-19

圖5-20

圖5-21

圖5-22

圖5-23

圖5-24

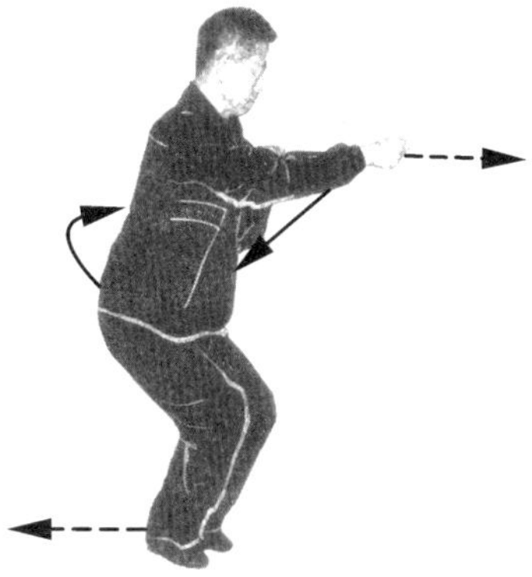

圖5-25

圖5-26

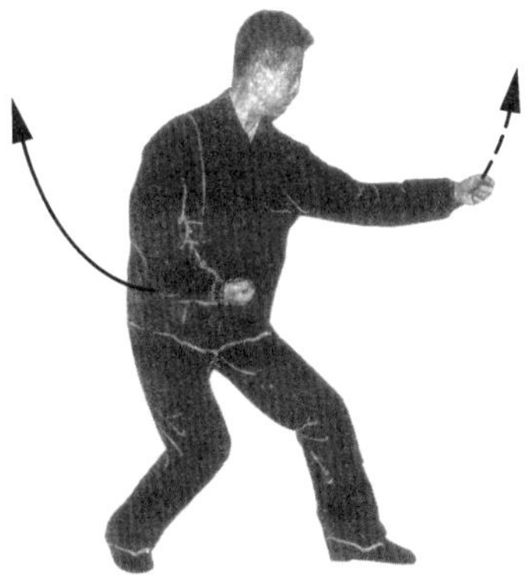

炮　　拳

炮拳的“形”“意”淺説

經云:“炮拳之形似炮屬火”“內通於心,外達於舌,在體爲血脉”居五行拳之四,其行進路綫呈鋸齒形曲綫前進。

有人説形意“八字”功法中的“頂”字是炮拳,這是不適當的。八字功法中的“頂”是另有動作,它是“功”而不是“拳”,所以它與炮拳無關。如果講“頂勁”,有人是把炮拳中走在頭上的拳,練成頂勁或架勁。只要是用頂勁或架勁,就離不開“抵住來力的硬頂硬”的成分,就多半要靠力量。既不是“顧中有打”,這樣練和用就值得探討了。實際炮拳頭上這一拳,不是頂勁,也不用靠力量,而是內涵擰、滚、撥、化的混合勁,以破來手。所以説,炮拳和頂勁根本没關係。

傳統氣功中潛志以求的“心腎相交”“水火既濟”,都爲練心火與腎水以起保健作用,炮拳正是大可利用的動作之一。

尚氏形意的炮拳,雖步走曲進,但每步仍具前趟後蹬之勁;上拳既有擰、滚、撥、化之勁,中拳則又有擰、裹蓄力,抖腰而發的特點,故别具風采和勁路。

炮拳歌訣:

炮拳似炮性屬火,生横剋劈拗步活。

體爲血脉心主舌,擰轉火機物必落。

炮拳的具體練法

(一) 預備式

即原地左鷹捉,動作及要領詳見鷹捉的具體練法之(一)。圖 6－1 至圖 6－7 從略,動作圖解由圖 6－8 開始。

(二) 提步雙抱拳

1. 左掌不變,右掌向前與左掌平行探出,兩掌拇指尖相連,手高與心齊;同時,左脚沿直綫向前方趟進一步,右脚隨即跟進提起靠於左脚裏側踝關節處，成右提步；目視手前方（圖 6－9）。

要領：

（1）右掌之探出要借右脚後蹬，左脚前趟之勁，應與右脚提步同時完成，做到上下相隨。

（2）探掌須要沉肩拔背；左脚趟進要遠，提步要穩；不得俯身或長身。

2. 動作不停，右脚借提步蓄力再向前趟進一大步，左脚隨即跟進提起，靠於右脚裏側踝關節處，成左提步；同時，兩手抓握變拳，分别向外擰轉，貼肋向後拉至臍之左右兩側，拳心向上，兩拳對稱，成提步雙抱拳；目視左前方（圖 6－10）。

要領：

（1）右脚借提步之蓄力，再進一步時，要步活，進遠，而穩實。

（2）成左提步時，兩掌邊變拳邊擰轉回拉，有撕扯束腰之勁；提步與雙拳束腰同時完成，兩腿要靠緊；身體不可前俯或左右摇晃。

（三）拗步右炮拳

1. 接上動，身體微向右轉，左拳向外擰轉，沿身體中綫貼身上鑽至下頦前；右拳同時外擰上鑽至左臂肘彎裏側靠緊，兩拳虎口向前，目視左前方（圖 6－11）。

要領：

兩拳上鑽要盡量擰轉裹緊以蓄力。

2. 上動不停，腰向左擰，右脚屈膝後蹬，左脚向左前方 45°斜進一大步，右脚隨即跟進大半步，右膝抵於左膝彎裏後側，靠緊，重心在右脚；轉腰進步的同時，左拳向前向上鑽至頭前，繼而向外擰轉撥拉至頭部左額角，腕關節與拳背貼緊於額角前，拳心向外；右拳由胸前向前向裏擰轉打出，虎口向上；沉肩墜肘，出“三星”，拳高與心齊，目視左前方（圖 6－12）。

要領：

（1）兩拳皆借上動擰裹以蓄力，反擰以發勁；左拳要借進身左擰之勁滚撥靠於額角；右拳則借向裏反擰，發螺旋勁打出。

（2）左脚趟進與左拳鑽滚，右拳打出，動作要協調一致；以腰爲主宰，發勁要從自然、和諧中求得剛猛、迅疾。

（3）步距略大於崩拳，約一脚左右，兩腿要夾緊、靠實；身體不可左右歪斜，不要突臀、前傾；右拳與左脚尖、鼻尖，要“三尖”相對。

（四）拗步左炮拳

1. 上體右轉 90°，同時左拳向前方下落與右拳齊平，雙拳亦右擺 90°，右拳邊擺邊裏擰成扣拳，兩拳虎口相對，拳心向下，兩拳相距一拳；目視雙拳（圖 6－13）。

要領：

上體右轉與雙拳右擺要完整一致。

2. 上動不停，左脚經右脚前向右 90°斜進一大步，右脚隨即跟進提起靠於左脚裏側踝關節處，成右提步；與此同時，上體左擰，雙拳向外擰轉貼肋回拉，置於臍之兩側，束腰靠緊，成獨立雙抱拳；目視右前方（圖 6－14）。

要領：

左脚上步，右脚提步和擰身束腰收拳，要動作完整上下一致。

3. 動作不停，步不動，上體微左轉，右拳外擰貼身體中綫上鑽至頦前方；左拳外擰同時隨右拳貼身上鑽，置於右臂肘彎裏側靠緊；兩拳虎口向前，拳心均向外；目視右前方（圖 6－15）。

要領：

兩臂盡量擰轉裹緊以蓄力。

4. 動作不停，右脚向右前方趟進、踩落，左脚隨即跟進大半步，左膝抵於右膝窩裏後側，靠緊，兩脚相距一脚左右，重心在左腿；同時，腰右擰，右拳隨轉腰向前、向上鑽至頭前，繼而向外擰轉，撥拉至頭部右額角，腕關節與拳背貼緊於額角前，拳心向外；同時左拳由胸前向前、向裏擰轉打出，虎口向上；沉肩墜肘，出“三星”，拳高平心；目視右前方（圖 6－16）。

要領：

與（三）之 2 同，惟方向相反。

（五）拗步右炮拳

動作及要領與（四）拗步左炮拳同，惟左右相反（圖 6－17、圖 6－18、圖 6－19、圖 6－20）。

如此左右交替向前練習；動作數量多少視場地而定；不論練至左炮拳或右炮拳皆可回身。現以練完拗步右炮拳爲例，轉身往回練。

（六）炮拳回身式

1. 右拳裏旋成扣拳；同時，左拳從頭前下落與右拳平，兩拳虎口相對，沉肩墜肘，高與心平，目視雙拳；動作不停，腰向右後轉，雙拳隨轉體,向右後平擺;眼隨手動,目視雙拳(圖 6－21)。

要領:

雙拳向右後平擺,要用腰力,重心要穩。

2. 上動不停,借上動轉腰之力,以右脚爲軸,身體繼續向右轉,左脚隨轉體貼地向右脚尖外側扣步;同時雙拳一起外擰,貼肋回拉,收於臍之兩側;拳心向上,目視右前方,此時身體已右轉 120°左右(圖 6－22)。

要領:

(1) 扣步轉身,右脚爲根不能稍動,左脚借擰腰扣步要活而實。

(2) 身體做到提肛、并膝、裹胯,不可突臀、俯身。

(七) 拗步左炮拳

1. 上動不停,重心移至左脚,右脚借轉體移重心以踝關節爲軸,將脚尖轉向右前方;同時右拳外擰貼身體中綫上鑽至頦前方,左拳同時外擰隨右拳貼身上鑽,置於右臂肘彎裹側,靠緊;兩拳虎口向前,拳心向外;目視右前方(圖 6－23)。

要領:

兩小臂應裹緊以蓄力;轉體移重心時不可突臀。

2. 上動不停,接着上步打左炮拳;動作及要領與(四)之 4 同,惟方向相反(圖 6－24)。

如此左右式交替練習到起端回身,必須打完右炮拳方可收式;如從左炮拳回身則直接做拗步右炮拳即可收式。

(八) 炮拳收式

接拗步右炮拳(圖 6－25)。

1. 右拳不動,左拳從體前下落至右臂肘彎下,拳心向下;目視右拳前方(圖 6－26)。

要領:

左拳屈臂自然下落,左肘貼於胸肋。

2. 動作不停,身體向右擰順,左脚向前趟進半步,成椿步姿勢;同時,左拳貼右小臂下,向前、向外擰轉打出,沉肩墜肘,虎口向上,拳高平心;右拳同時向外擰轉,貼肋回收至臍之右側;目視左拳前方(圖 6－27)。

要領:

左拳要借順腰之勁出拳,與左脚趟進同到。

3. 以下收式動作與鷹捉式相同,從略。

炮拳的動作圖解

圖6-8

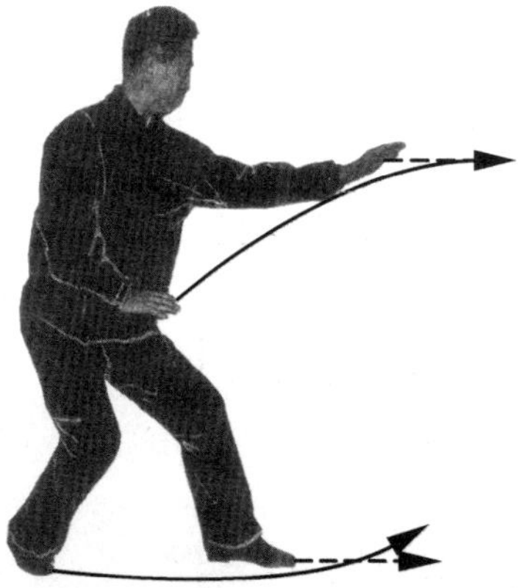

圖6-9

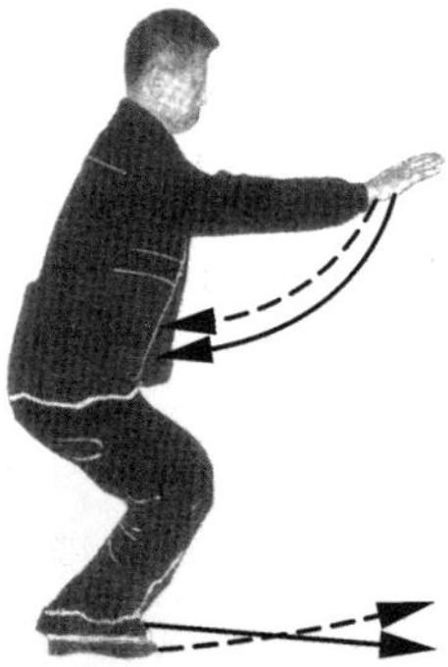

圖6-10

圖6-11

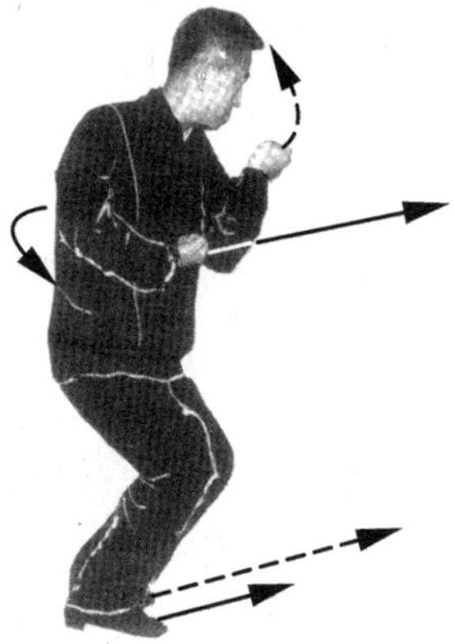

圖6-12

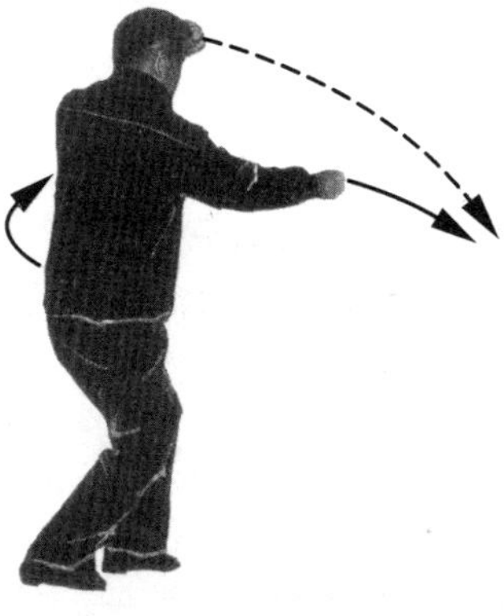

圖6-13

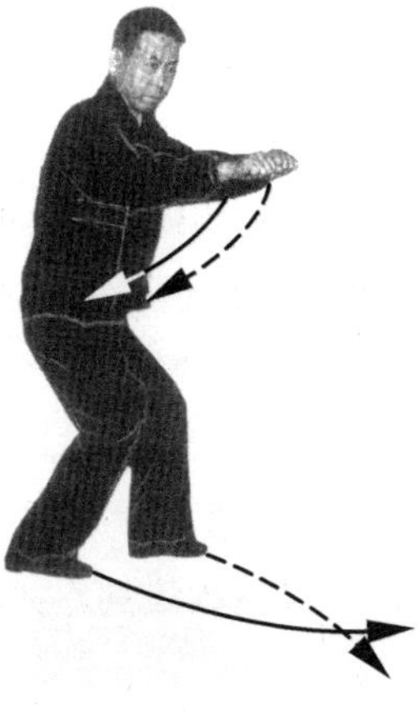

圖6-14

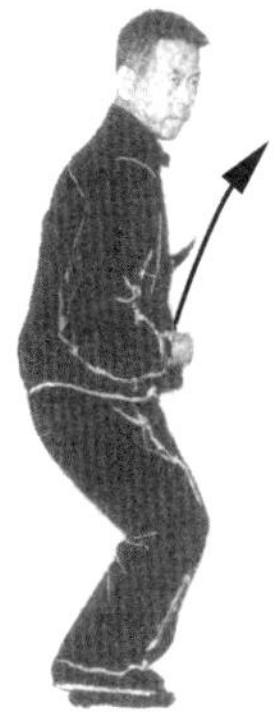

圖6-15

圖6-16

圖6-17

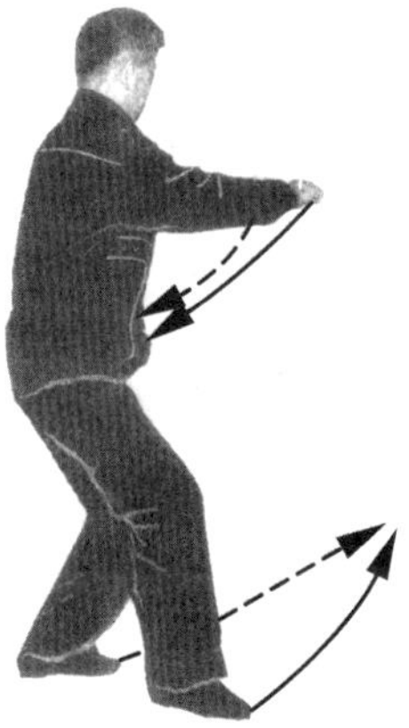

圖6-18

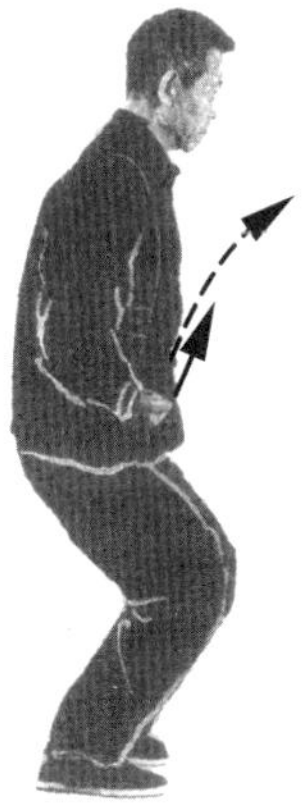

圖6-19

圖6-20

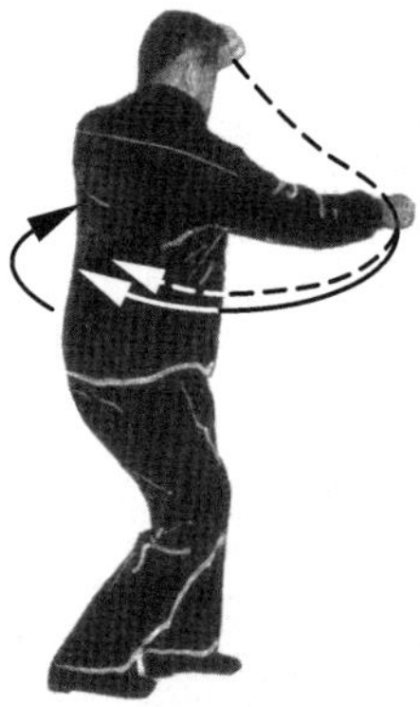

圖6-21

圖6-22

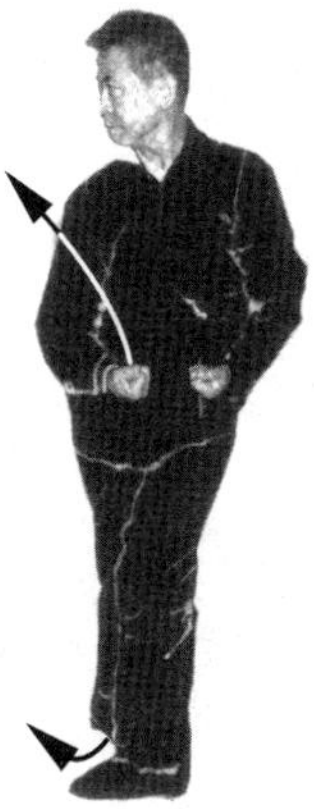

圖6-23

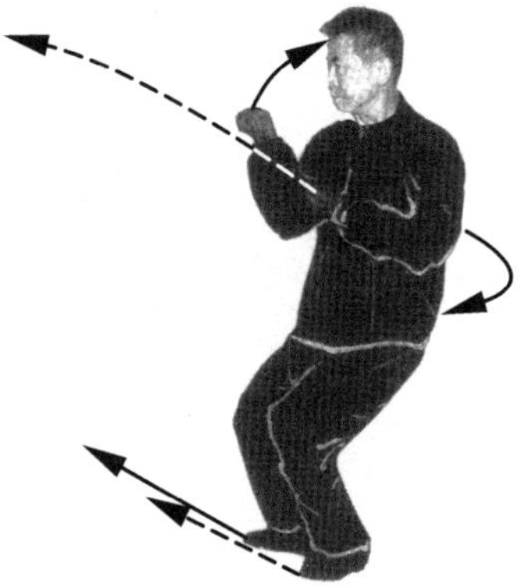

圖6-24

圖6-25

圖6-26

圖6-27

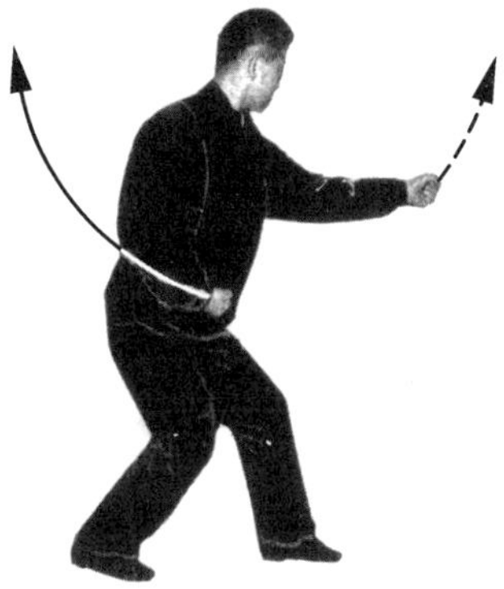

横　　拳

横拳的“形”“意”淺説

經云:“横拳之形似彈屬土”“内通於脾,外竅於口,在體爲肌肉”,居五行拳之五。其行進路綫,亦呈鋸齒形,曲綫前進。

説横拳之形似彈,爲什麽似彈?人們多不理解,這是應該弄個明白。實際五行拳中的各趟拳,不論是“象形”“會意”以至技法,三者之間的結合,是非常妥切的。比如,横拳之形似彈,這個“彈”指的是武術傳統中所使用的彈弓之彈,也就是小説中神彈弓李五、鐵弓緣中的十三妹所用的彈弓。是以射箭的弓,鋸短兩端的梢子,不用牛筋弓弦,改用兩端是竹板,中間以合股絲綫鑲一彈碗,作爲弓弦。彈碗就是裝彈丸用的。但是這個彈碗却正對着弓背,不會用的拉弓放彈,必然打在弓背上。而會打的人因在握弓放彈時,前把有横勁,故彈丸雖是直出却不打弓背,而逕直向前打去,準確性很强。用彈弓這種内涵的横勁來比喻横拳出拳的横勁,也正合“起横不見横”的特殊技法之説。因之説横拳之形似彈,是很妥貼的。若問“性屬土”的道理何在?説來更有意思,横拳、拳的出入是借擰腰,順兩肋,兩小臂一張一弛地撫摸肝和脾胃,既能健脾,故云通脾。五行之説脾屬土,而似彈的横拳它的彈丸是三合土加頭髮做的,性也屬土。這就是横拳屬土通於脾的根據。另外,五行有“萬物土中生”之説,就是説五行中的土是能生其他物質的。而屬土的横拳也確能生其他拳。比如形意拳的三體式是母式,由静變動前面加一發鑽勁的一拳,就變成母拳鷹捉。實際這一發鑽勁的一拳,就是横拳,因爲經云:“起爲鑽,落爲翻”“起爲横,落爲順”,故説起鑽之拳,也就是起横之拳。正因爲這一拳前面没有手,不是從前手小臂下穿出,所以才顯鑽而不顯横。在母拳鷹捉中既是先有横拳而後才有其他拳法,所以説横拳能生其他拳。而且横拳之拳是直中有横,也是横中有直,又是亦顧亦打,中和一氣,故而容易變化，從這些技法來講，説它能生其他拳，就更有道理了。正因爲它有這些特點，所以才有“出手横拳勢難招”之説，因此練形意的與人交手，就多以横拳做爲引手，既虚亦實，既顧亦打，且易變化，已成爲形意門的特點，也正體驗出横拳屬土的實用價值。

尚先生在講授横拳時，特别强調“起横不見横”的技法要求。起横見横是講招，是用臂力，而且是中、梢節之力，使形意真勁盡失；而起横是“找勁”，是發腰勁，是“拳打三節不見形”，亦顧亦打。兩者相差何其遠也。經云：“武藝雖精竅不真，費盡心機枉勞神。”信乎不假，不能不弄通這個道理。

横拳歌訣：

横拳似弾性屬土，生劈剋鑽形不露。

體爲肌肉脾主口，出手難招妙難書。

横拳的具體練法

（一）預備式

即原地左鷹捉，動作及要領詳見鷹捉的具體練法之（一）。圖 7－1 至圖 7－7 從略，動作圖解由 7－8 開始。

（二）提步雙抱拳

動作與要領與炮拳之（二）提步雙抱拳同（圖 7－9、圖 7－10）。

（三）拗步右横拳

1. 步不動，左拳由下向左前方擰轉穿出，拳心向外，拳高與肩平；右拳不動，目視左拳（圖 7－11）。

要領：

穿左拳時不要聳肩，晃身，要輕鬆自然。

2. 上動不停，步不動；右拳裹擰，貼肋上穿至左臂肘下，拳心向下；目視左拳（圖 7－12）。

要領：

右拳要肘不離肋，手不離心，含蓄以進。

3. 動作不停，左脚向左前方 45°斜進一大步，右脚隨即跟進半步，兩脚間約一脚之隔；右膝抵於左膝後裏側；同時，右拳由左臂肘下，貼臂向前、向外擰掙打出，沉肩墜肘，拳心向上，拳高與肩平；右拳行至與左拳上下相交時，左拳外擰，向後貼肋回拉至臍之左側靠緊，拳心向上；目視右拳前方（圖 7－13）。

要領：

(1) 本式中的1、2、3爲連續動作,中間不要停頓;身體在動作中不要有起伏。

(2) 左脚之趟進與右拳之打出以及左拳之回收,要上下相隨,動作協調一致;出拳出脚要發腰勁,拗中求順,前拳、前脚、鼻尖要"三尖對";動作要從自然中求得迅猛剛實;出右拳要在擰錯中含有横勁,但不露横形。

(3) 右脚跟進要自然,兩脚落實,兩腿夾緊靠實,沉肩墜肘,擰腰順臂,但不可前俯後仰,左斜右歪;頭向上頂;周身要完整一力。

(四) 拗步左横拳

1. 身往右轉,右拳隨身動,左脚經右脚前向右前方斜進一大步,右脚隨即跟進提起靠於左脚裏側踝關節處,成右提步;目視右拳(圖7-14)。

要領:

擰身斜進,要并膝裹胯,兩脚還要有前趟後蹬之勁;并要步穩身直。

2. 接上動,步不動身體微右轉,左拳裹擰,貼肋上穿至右臂肘下,拳心向下;目視右拳(圖7-15)。

要領:

與(三)之2同,惟左右相反。

3. 上動不停,身體向右擰,右脚向右前斜進一大步,左脚隨即跟進半步,兩脚間約一脚之隔;左膝抵於右膝後裏側;同時,左拳由右肘下貼臂向前,向外擰掙打出,沉肩墜肘,拳心向上,拳高與肩平;左拳行至與右拳上下相交時,右拳外擰,貼肋回拉至臍之右側貼緊靠實,拳心向上;目視左拳前方(圖7-16)。

要領:

與(三)之3同,惟方向相反。

(五) 拗步右横拳

動作與(四)拗步左横拳相同,惟左右相反(圖7-17、圖7-18、圖7-19)。

如此左右交替向前進行練習,動作多少視場地而定,不論練至左横拳或右横拳皆可回身,現以練完拗步右横拳爲例,轉身往回練。

(六) 横拳回身式

1. 以右脚爲軸,身體向右後轉,左脚隨轉體貼地向右脚尖外側扣步,扣步步型與炮拳(圖6-22)同;右拳隨身右轉;目視右拳(圖7-20)。

要領:

(1) 左脚要借擰腰之力以扣步,右脚踏實不能稍動;扣步時要活而實。

(2) 要提肛、并膝、裹胯,不可突臀、俯身。

2. 接上動,重心移至左脚,右脚借轉體移重心,以踝關節爲軸原地將脚尖轉向右斜前方;同時,左拳裹擰貼肋上穿至右臂肘下,拳心向下;目視右拳(圖 7-21)。

要領:

轉體移重心不可突臀,左拳及小臂擰貼以蓄力。

(七) 拗步左横拳

動作不停,身往右轉,右脚向右前方斜進一大步,左脚隨即跟進半步,左膝抵於右膝後裏側,兩腿夾緊靠實;同時,左拳貼右臂下,向前、向外擰掙打出,拳心向上,沉肩墜肘,拳高與肩平;在左拳行至與右拳上下相交時,右拳外擰貼肋回拉至臍之右側貼緊靠實,拳心向上;目視左拳前方(圖 7-22)。

要領:

與(四)之 3 同,惟方向相反。

如此左右交替練習至起端,回身收式,步法與炮拳相同。如練完左横拳回身,則接打拗步右横拳即可收式。

(八) 横拳收式

1. 接拗步右横拳(圖 7-23)。

2. 按上動,左拳裹擰,貼肋上穿至右臂肘下,拳心向下(圖 7-24);動作不停,身體右轉,左脚向前邁進半步成樁步;同時左拳貼右臂下向前、向外擰轉成立拳打出,沉肩墜肘,拳高與心齊;當左拳行至與右拳上下相交時,右拳外擰貼肋回收至臍之右側貼緊靠實,拳心向上;目視前方(圖 7-25)。

3. 以下收式動作與鷹捉收式相同,從略。

横拳的動作圖解

圖7-8

圖7-9

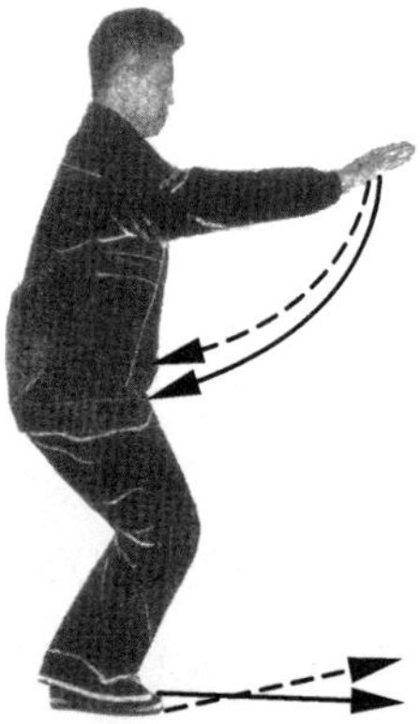

圖7-10

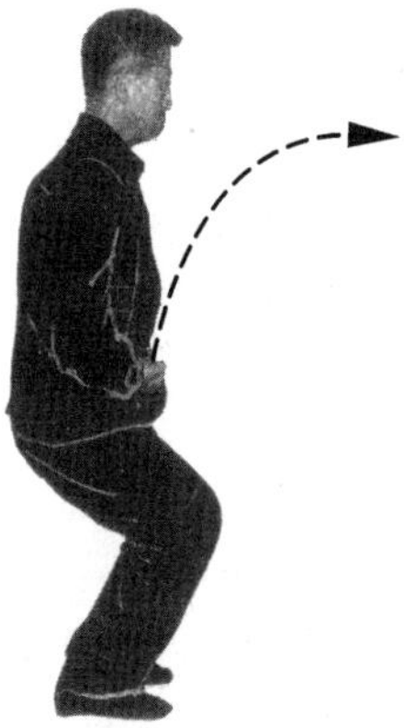

圖7-11

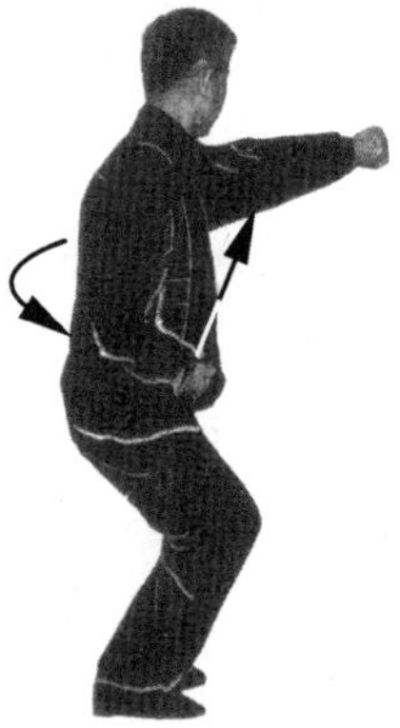

圖7-12

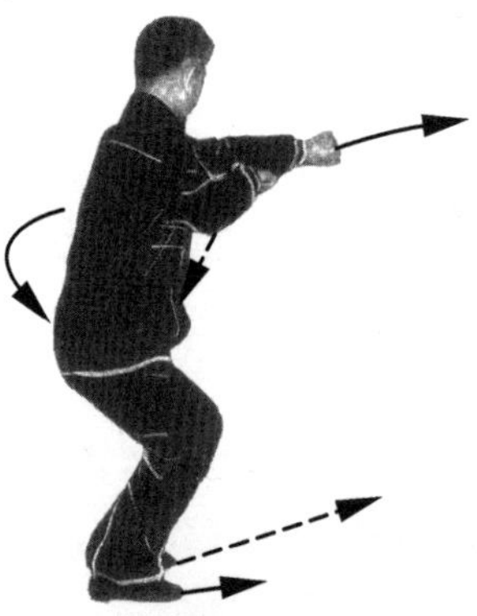

圖7-13

圖7-14

圖7-15

圖7-16

圖7-17

圖7-18

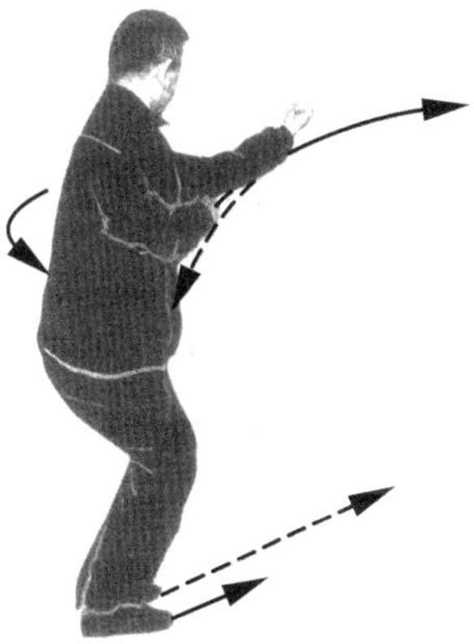

圖7-19

圖7-20

圖7-21

圖7-22

圖7-23

圖7-24

圖7-25

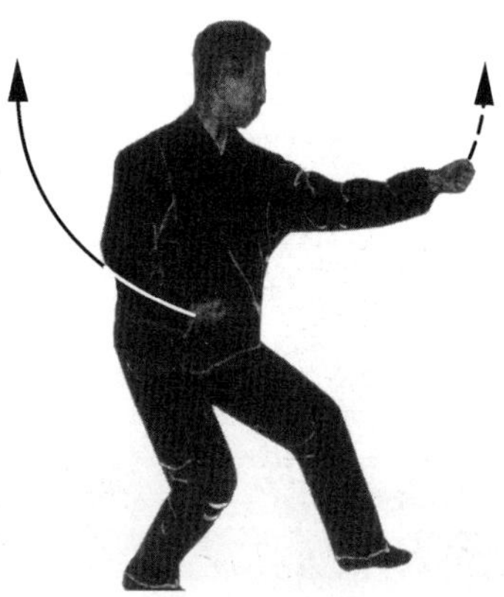

五　进退连环拳

套路拳中連環拳的意義和作用

形意拳是體用務實，簡賅無華的拳種之一。它的五行、十二形多以一種技法，反覆操練的形式來練功、找勁，以適應實戰的需要。當練功、找勁有了一定基礎，爲了進一步適應在動態中，能連續不斷地變化動作和發勁以提高實戰素質和表演效果，乃有套路拳的形成。它與單一式練功，兩者是相輔相成的。應該指出，套路拳是具有表演藝術性的。如果認爲它熱鬧，可顯示，單從興趣出發，而專練套路拳，這對練功、找勁是不利的，也等於是捨本逐末了。

我們練形意拳通過一種技法反覆操練，爲的是掌握每一種拳的特殊技法和它特有的勁。這樣做實質正是爲了既長勁，又增功。通過不間斷地磨礪，功夫愈練愈深，而找勁也越練越純，逐漸地能達到得心應手，才算有了個較扎實的功底，再把它拿到不同動作，不斷變化而又連續較長時間的動態中去磨礪，才能逐漸地、全面地提高實戰能力，找到不同動作、不同變化中發勁的技巧，這才是我們所以練套路拳的真意所在。形意的幾趟傳統套路拳，可以説每趟都有它獨具的鮮明特色，對某些技法又有明顯的鍛煉意義。所以我們在練形意的每趟傳統套路拳時，必須能充分理解它的技法，練出它的特色，找出它特有的“勁”，才算真正練好了這個套路。套路拳的鍛煉會使神與威、氣與力，以至對素質耐力，技巧方法的理解和運用，都能得到高度的反映，所以練同一套路就具有全面的技術鑑定性，通過互相觀摩會起到共同促進和提高的作用。所以前輩們創造的一些套路，是各具鮮明特色和技法的，因而得到公認成爲傳統套路而流傳下來。而連環拳就是以五行爲基礎的形意拳中第一趟傳統套路拳。除它之外，尚有六合、八式、十二洪錘和雜式錘。此外還有五行對練的五行炮、十二形對練的安身炮。在十二形拳中的猴形拳、鷂形撕把（一般稱四把）和燕形拳等因其技法動作多樣，故也屬於套路拳。這些套路拳都是具有傳統技法精華的套路，我們應該取其精華掌握其技法竅要，千錘百煉地把它練好。至於近代和今人爲表演、比賽或因所會不多，爲了教學需要而自行編造一些套路，這樣做是無可非議的，但該實事求是地向學生們説明這是自編套路。如果自編套路，確有可取，自會廣爲傳習，何必僞稱師傅?! 如果蓄意混淆視聽，則屬於武德問題了。願爲人師者戒。

進退連環這趟拳是以形意五行拳爲基礎的，有進有退，頓挫分明，流傳很廣的一趟傳統套路。它的動作不多，但是結構嚴整，節奏突出，氣勢宏大，深受人們喜愛。但各流派所傳的動作風格還是有所不同的。尚先生教這趟拳則要求練出像拳經所説的“進也打，退也打，不知進退枉學藝，不知起落枉伶俐”的實質精神，要做到進退靈活而又發勁剛實。像套路中的前三拳，拗步崩，退步崩，順步崩，盡管步法各異，却要拳拳迅猛剛實。充分體現“進也打，退也打”的威力，在發勁上更有獨到之處。在套路中的“白鶴亮翅”和“一馬三踐”(也叫“一馬三箭”)更顯示出其鮮明的特點。先生在教授“白鶴亮翅”時説，既叫“亮翅”就不是“并翅”，就該是向上、向外發勁，所以要求在練時要借抖腰舒臂之力，練出“亮翅”之威和勁來；在套路中從撤步掩手起接連三個動作都是左脚在前，連墊三步，而這三步是步步進步遠，趟勁大，連貫一氣，所以在脚的技法上叫“一馬三踐”。而這三個連續墊步，又是一步一手一發勁，接連打出兩拳一掌共三手，三次發勁，所以在手的技法上又名“一馬三箭”。以拳論式，應叫“一馬三箭”。但是必須練出内涵的踐拳之疾和“三踐”之威來，經云：“踐拳似馬奔，連環一氣演。”正此意也。這樣練“一馬三箭”便形成了疾似馬奔，一氣呵成；還要打出迅猛剛實的整勁來。這便形成尚氏形意連環拳獨有的特色和風格。在實際學練中只有掌握這些特點，才能練出它的神與威的氣勢來。

在練連環拳的套路中，還要借動作的連貫性，從動中去加深理解五行拳等基本動作的技法和勁力。特别像崩拳、鑽拳等要體現出“身似弩弓、拳似藥箭”的技擊特點。另外在套路拳中要想練出精神來，就要突出技法重點，練出節奏性來。才能氣勢宏大，精神也能得到鍛煉。

尚氏連環拳讚歌：

連環一氣顯神威，退打硬進把敵催。

拗順不貸中門取，一馬三箭似奔雷。

進退連環拳動作説明

進退連環拳的動作名稱

一、預備式
二、上步右崩拳
三、退步左崩拳(青龍出水)
四、順步右崩拳(黑虎出洞)
五、退步白鶴亮翅
六、上步左炮拳
七、退步左鷹捉
八、撤步掩手
九、一馬三箭
(一) 上步鮀形撑掌
(二) 拗步右鑽拳
(三) 進步狸猫上樹
十、進步右崩拳
十一、回身狸猫倒上樹
十二、收式

進退連環拳的具體練法

一、預備式(即原地左鷹捉)

動作與前述各預備式同(圖 8－1)(過渡動作從略)。

二、上步右崩拳(即拗步右崩拳)

雙手同時握拳,左拳虎口向上;右拳拳心向上,小臂緊靠於右腹;上體微左擰,右拳貼肋腹,拳心向上、向外擰轉鑽至左臂肘窩裏上側,虎口向前(圖 8－2);接着右脚屈膝後蹬,左脚屈膝向前趟進、踩落;同時,右脚跟進落於左脚後裏側,右膝抵於左膝窩的裏側,重心在右脚;右拳同時貼左小臂上向前、向裏擰轉崩出,虎口向上,拳高與心齊;左拳同時向外擰轉回拉至臍之左側,拳心向上;目視右拳前方(圖 8－3)。

要領:

(1) 右拳向上、向外擰轉時,是爲了蓄力待發,要理解到鑽、翻、擰、裹、墜的内涵;要輕鬆自然,切忌用拙力。

(2) 右拳欲發之勁,其根在脚,勁發於腰,是借右脚屈膝後蹬,左脚屈膝前趟之勁而發;但必須是在上體微左擰"打法須要先上身"的技法指導下,先能"身似弩弓"以蓄力,從而取得"拳似藥箭"而發勁;還要充分利用“龍折身”腰的作用，以發揮“打要遠、氣要催”的威力。

（3）當右拳貼左小臂向前打出時，它的裹擰前打，要打出螺旋的爆發勁來。要與左拳向外擰轉回拉之勁既相輔，又相撑；要做到“三催”，打出“三星”來。

（4）左脚原即在前，再上左脚，雖僅進半步，但還要盡量練出“脚打七分”的趟勁來；并要做到手脚齊到，以打出内外、上下完整一氣的整勁來。

三、退步左崩拳（青龍出水）

雙拳與左脚不動，縮身使右脚後撤成左弓步（圖 8－4）；上動不停，繼之，左脚沿右脚裹側提起後撤，當左脚撤至貼於右脚裹踝上時，脚尖要翹起成左提步；同時左拳向上向外擰轉鑽至右臂肘窩裹上側，虎口朝前（圖 8－5）；上動不停，左脚繼續後撤，撤到右脚裹側後方約半步遠、有一脚之隔處踩實落脚，脚尖向前，重心在兩腿之間，左膝抵於右膝窩、兩腿夾緊；右脚不動，保持後撤時的角度（與左脚夾角約 45°）；同時，左拳貼右小臂上側，向前、向裹擰轉崩出，虎口向上，拳高與心齊；右拳同時邊外擰邊回拉收於臍之右側，拳心向上；目視左拳前方（圖 8－6）。

要領：

（1）右脚後撤時，要自然地把步拉開，以求進既能遠，退也能遠；要借右脚後撤的慣性提撤左脚，成左提步；經云：“磨經磨脛意氣響連聲”，形意拳所以用“磨脛”就是爲了蓄力以增大趟勁。退步用“磨脛”，也是爲了蓄力，使後退的脚踩地反擊力大。“提步”正是兩腿之脛（小腿）相磨擦的瞬間姿勢。由於套路拳的動作快容易疏忽，故這裹着重提出要做到磨脛，完成提步過程。

（2）左拳擰裹抱於右臂肘窩裹上側和左脚與右脚的磨脛相貼，是體現上下相隨都在蓄力待發。故左拳的前崩與左脚的後踩都要通過縱腰，使左脚後踩之勁充分貫於左拳而崩出，使步雖後撤而勁向前發，發揮出拳經所説的“退也打”的威力和特點；還要做到“三催”，并打出“三星”來。

（3）既是後退又是拗步出拳，故必須兩腿彎屈，相靠夾緊，以求步穩樁實，使周身完整一氣，出拳乃能迅猛剛實。

四、順步右崩拳（黑虎出洞）

左拳不動，右拳貼肋腹，心口向上、向外擰轉至左臂肘窩裹上側，虎口向前（圖 8－7）；接着右脚擰正，脚尖朝前，向正前方屈前膝趟進一步，隨之左脚屈膝後蹬，并跟進一步，落於右脚後裏側成崩拳步；同時，右拳貼左小臂上向前，向裏擰轉崩出，虎口向上，拳高與心齊；左拳同時向外擰轉回拉收於臍之左側，拳心向上；目視右拳前方（圖 8－8）。

要領：

（1）順步崩拳腰勁易散，打出右拳後，上體與前腿必須保持“似正非正，似斜非斜”；下肢的左膝必須緊靠於右膝窩裏側，兩腿夾緊。

（2）右脚的前趟和左脚的後蹬，要與右拳的前崩做到上下相隨，手脚齊到；要借向前、向左擰腰以發勁，使之達於右拳；做到“三催”，打出“三星”來。

（3）連環拳練到此式，共打了三個崩拳，但其步法各自不同，有進、有退、有拗、有順。這三拳是這趟拳開門見山的最顯功力的三拳。也是命名“進退”而練進退發勁的核心所在。故練時既要活而順，又要剛而實。打每一拳都要像“小鋼炮”一樣，充分體現“拳似炮、龍折身”的威力和技法來。

五、退步白鶴亮翅

右臂從前向下、向裏擰轉回收，同時左臂向下、向裏擰轉下插，使兩臂的腕部交叉於腹前，右臂在外，兩臂微屈，虎口向裏（圖 8－9 和圖8－9 背面）；動作不停，借展身、抖腰之勁使兩臂從下向上，至頭上向外、向身之左右展開；同時後撤左脚成右弓步；目視右上拳（圖 8－10 和圖 8－10 背面）；上動不停，雙臂從頭上抖發展勁後，向下弧形收臂，落抱於臍之兩側，小臂要緊貼於腹，拳心向上；同時，右脚隨同收臂撤到左脚裏踝前；目視右前方（圖 8－11 和圖 8－11 背面）。

要領：

（1）右臂從前向下擺臂回收，其小臂向裏擰轉時要有封掛之意；兩臂交叉於腹前時，要有蓄力待向上抖發之勁。

（2）兩臂往頭上時，要着意於拳和腕，有向上、向外抖發之勁，這正是所以叫“亮翅”其發勁的涵意所在；雙臂從頭上展開到下并於腹，呈鴨蛋圓形，上寬下窄，着力在上，但雙臂在頭上展開時幅度不要過大，以免散勁。

（3）因所練的是“亮翅”，而不是“并翅”，所以兩臂下并於腹時，不要有震脚、砸腕動作。但必須做到收臂，沉腰，束身，以使向上發抖勁後，身勁不散，且爲下一動作，做蓄力待發之準備。

六、上步左炮拳

右拳經胸向上、向前、向外擰轉至嘴前，虎口向前；同時，左拳亦向上，向外擰轉鑽至右肘窩裏側，虎口亦向前，拳心向上（圖 8－12）；上動不停，右臂內旋小臂，借擰撥之勁使手背腕關節貼於頭之右額上；同時，腰向右擰，左拳向前、向內擰轉，邊擰轉邊打出，拳高與心平，虎口向上；右腳同時屈膝向正前方前趟一大步，左腳屈膝後蹬，隨即跟進半步，距右腳有一腳之隔，重心在左腿；目視左拳前方（圖 8－13）。

要領：

（1）右拳及左拳之向上，向外擰轉要做到"肘不離肋，手不離心"裏以蓄力，但不得用拙力，亦"虎抱頭"也。

（2）右小臂向內、向上擰撥，必須沉肩、墜肘，不得用小臂上架；右腕借小臂擰撥之勁貼於右額時，既不能過高，也不能因低而擋眼。

（3）腰之右擰，要做到"似斜非斜"，以求抻腰拔背使左拳勁順打遠。

（4）右小臂之擰轉撥化與左拳之擰轉打出以及右腳之前趟踩落，都要借腰之右擰而發勁。且三者必須左右相撐，上下相隨，手腳齊到，以達發勁完整。

（5）左腳跟進後，左膝必須靠緊右膝窩，兩腿夾緊，以求樁實根固。

七、退步左鷹捉

接上動，身體微左轉，左腳後撤一步，成右弓步；同時，左拳向外擰轉回拉，收於臍之左側，拳心向上；右拳同時向前、向外擰轉下掩，拳心向上，力達右小臂裏側；目視右拳前方（圖 8－14）；動作不停，右腳借左腳後撤之慣性，亦隨之後撤，右踝靠於左踝之上，成右提步；同時，左拳貼肋拳心向上，向外擰轉鑽於右肘窩裏上側（圖 8－15）；動作不停、借左腳後蹬之勁撤右腳，左腳亦隨之微撤，成左腳在前的三體式；同時，左拳貼右小臂之上向前，邊向裏擰轉邊變掌下翻，成鷹捉式；右拳同時貼身回拉收於臍之右側，拳心向上（從動作和發勁來看這姿勢完全是退步鷹捉，所不同的是，它的右手是拳而不是掌）；目視左掌前方（圖 8－16）。

要領：

（1）撤左腳時要把步放開，以求能撤得活，撤得遠。成右弓步時不要停，右腳要借力隨之亦後撤。在後撤中要做到"磨脛"故有成右提步過程；但也不能停，要蓄力，借左腳後蹬之勁向後踩落，踩落時要落得快，落得實。并帶動左腳之微撤，兩腳要同時抓地落實。且右腳落地尚須有反蹬之力，以助長左掌向前翻落之發勁。

(2) 左拳上鑽於右肘窩而欲退步出手時，切不可勾腰、聳肩，亦不可用拙力或憋氣。

(3) 左手翻掌與兩脚後撤踩地，要上下相隨，同借向右擰腰之力以發勁，要練出“退亦打”的威力來。

八、撤步掩手

左脚撤回半步落於右脚裏踝骨前，脚尖向前；同時腰向右擰轉，左手變鮀形掌(圖 8－17)向外擰轉小臂，向裏劃弧回拉，掩落於胸前，掌心向上，虎口向前；目視左掌(圖 8－18)。

要領：

(1) 回拉左手要做到邊擰轉邊回拉，要借腰力，充分發揮擰、裹、墜的技法，還要借翻腕之力，着力於手背的腕指間。

(2) 鮀形掌的翻掩與左脚的撤落，要上下相隨，完整一氣。

九、一馬三箭(在脚爲一馬三踐)

(一) 上步鮀形撑掌

腰向左微擰借抖腰和右脚後蹬之力，使左脚向前趟進一大步，右脚隨之跟進落於左脚後側；同時，左手的鮀形掌向前變立掌，邊擰邊撑出，掌心向前，高不過眉，力達於掌；目視前掌(圖 8－19)。

要領：

(1) 左脚前趟要迅猛；右脚跟進要輕靈。

(2) 左脚踩落與左掌的撑出要手脚齊到；要肩沉、肘墜，上體似斜非斜，以求力貫前臂。

(二) 拗步右鑽拳

上動不停，右拳貼肋向前、向外擰轉鑽至左肘窩裏上側(圖 8－20)；動作不停，腰再向左擰，借抖腰和右脚後蹬之力，使左脚再向前趟進一大步，右脚隨之跟進落於左脚後側；同時，左鮀形掌五指分開，右拳貼左小臂上側前鑽，當兩手上下相遇時，左掌邊下捋，邊握拳，邊向外擰轉回拉，收於臍之左側，拳心向上；右拳繼續向正前方鑽出，拳心向上，高不過眉；目視前拳(圖 8－21)。

要領：

(1) 右拳前鑽靠於左肘時，要沉肩、墜肘以蓄力待發。

(2) 左脚前趟，右脚後跟仍要迅猛輕靈，與前式撑掌動作要連環一氣。

(3) 右拳鑽發，左脚踩落和左拳收腰，必須上下相隨，左右相稱，手脚齊到，勁力完整。

（三）進步狸猫上樹

上動不停、借屈雙膝、擁上體、右脚後蹬之力，左脚再向前趟進一大步，右脚隨之經左腿裹側屈膝，脚尖邊外擺，邊向前截踢，高不過胯；同時，左拳貼肋，拳心向上，向外擰轉鑽至右肘窩裹上側，虎口向前（圖8－22）。上動不停，腰向右擰，重心前移，右脚向前截踩而落，脚尖仍外擺；左脚隨即跟進半步脚尖向前，兩脚間約一脚之隔；左膝抵於右膝窩，兩腿夾緊，重心在左脚；同時，左拳貼右小臂上側，向前鑽出，當兩手上下相遇時，兩拳同時變成三圓掌，左掌繼續向前、向下、向裹擰轉翻落，掌心向下，高與心齊；右掌同時貼左臂向下、向裹擰轉翻落，收於臍之右側，掌心亦向下，小臂緊貼於右腹；目視左掌前方（圖 8－23）。

要領：

（1）從撑掌、鑽拳到狸猫上樹，都是左脚在前，且要迅疾地大步向前趟進，并要接連做三個，故在脚稱爲“一馬三踐”。經云：“踐拳似馬奔，連環一氣演。”因之這脚下的“三踐”和手上的“三箭”，兩拳一脚，必須練得迅疾連貫，勢如奔馬、一氣呵成。這趟拳所以名叫“連環”這正是它命名的關鍵所在，故應練出它應有的氣勢來。但疾不能亂，步步要疾而穩，手手要快而實。

（2）左掌前翻，右掌回收與右脚的截踩不落，必須借左脚後蹬和腰向右擰轉，以縱腰發勁，但要左右兼顧，手脚并重，手落脚落，上下完整一力。

（3）注意狸猫上樹之右腿，去有截踢之勁，落有截踩之勁，兩勁相連，意有不同，左腿微屈，是重心所在，又是右腿發勁之根，必須站得平穩沉實，但不得聳肩，提氣。

十、進步右崩拳

左脚屈膝後蹬，右脚屈膝前墊趟進一步，左脚隨即跟進提起靠於右踝骨裹側，成左提步；同時，兩掌從小指抓起，卷握成拳，左拳虎口向上，右拳拳心向上；目視左拳前方（圖 8－24）；上動不停，右拳貼肋向前、向外擰轉靠於左肘窩裹上側（圖 8－25）；上動不停，右脚後蹬，腰向左擰，左脚向前趟進一大步，右脚隨即跟進，落於左脚後裹側，成崩拳步（稍大些）；同時，右拳貼左小臂上側向前、向裹擰轉崩出，虎口向上，手高與心齊；左拳同時貼右小臂、左肋向外擰轉拉回，收於臍之左側，拳心向上；目視右拳前方（圖 8－26）。

要領：

(1) 注意右脚要先順腰屈膝、再墊步，以免展身而散勁。

(2) 右拳鑽左肘窩以蓄力，但不要聳肩，要借腰勁出拳。

(3) 左脚借提步的“磨脛”是爲了增大前趟之勁；左脚踩落與右拳崩出，要手脚齊到；爲了便於扣步回身，故右脚跟進步小些。

十一、回身狸猫倒上樹

借向右擰腰之勁，左脚以脚跟爲軸，脚尖裏扣，與右脚成内八字，角度相同；同時右拳用肘拉手，邊向外擰轉，邊回拉收於臍之右側，拳心向上，重心仍在右脚；目視左前方(圖 8－27)。

上動不停，借身體右轉回身之勁，重心移於左脚，左腿微屈，右脚屈膝貼左腿裏側抬起，借提膝前挺，脚尖勾起，邊外擺邊向前截踢，脚斜平，高不過胯，脚心向前；同時，右拳貼肋、心口，從頦下向前、向上、向外擰轉鑽出，虎口斜向前下，高不過眉；目視右拳前方(圖 8－28)。

隨即，左脚屈膝後蹬，重心前移，借上體右擰，右脚跟部向前，向下截踩，脚横斜落地，左脚隨之跟進半步，脚尖向前，兩脚間約一脚之隔，左膝緊抵於右膝窩，重心在左脚；同時，左拳貼肋、心口向上、向外擰轉，貼左臂肘窩上側順小臂向前鑽，當兩拳相遇時同時變掌，左掌向裏擰轉、向前、向下翻落，掌心向下，高與心齊；右掌同時貼左臂向下，向裏擰轉，收落於臍之右側；目視左掌前方(圖 8－29)。

要領：

(1) 扣左脚，拉右拳要借腰力做到上下一致。

(2) 本動作的截踢與前述“進步狸猫上樹”的技法和勁路皆不同。前者是借直進之勁，以截踢對方的膝、胯部位，并踩落以發之；而本式則是借回身之際，用擺膝、擺脚、探脚跟之勁，以截踢對方來脚，進而踩落以傷之。故右腿從抬起到踢出，膝有從裏向外擺動和前挺之勁，脚有從抬起到勾脚外擺、有截踢踩落之勁。這是在練崩拳回頭中就操之有素的唯一腿法，在練習本套路中需要進一步領會它的實用技法。

經云：“拳打遍身是法，脚踢渾身是空。”正因爲形意拳有“進步踩打”“手脚齊到”和“練功發勁”等特長，所以它不主張用脚踢。因之在形意拳的套路中，除此截踢外，僅在“八式”拳中尚有“龍虎相交”的一個向前截踢，發勁脚法，只此二者而已。

(3) 右脚的截踢與踩落，分而爲二是兩個勁，但用時則常是合二爲一，以一氣貫之；左掌前翻，右掌回收與右脚踩截之落，要手脚齊到，上下合一，要借擰腰而發勁。

以上是進退連環拳前半趟回身。如接練後半趟，就腰微左擰，左脚後蹬，右脚前趟墊半步，左脚跟進成左提步，兩掌變拳，打"上步右崩拳"，再接"退步左崩拳"等如上述順序練下去。前、後半趟動作相同，只是方向相反。

後半趟練到頭，"狸猫倒上樹"回身，接練"上步右崩拳"，再練"退步左崩拳"(圖 8－30)方可收式。

十二、收式

接上式，兩拳和右脚不動，只把左脚向前邁出一步成左劈拳式即收式之一(8－31)；以下從略。

進退連環拳的動作圖解

圖8-1

圖8-2

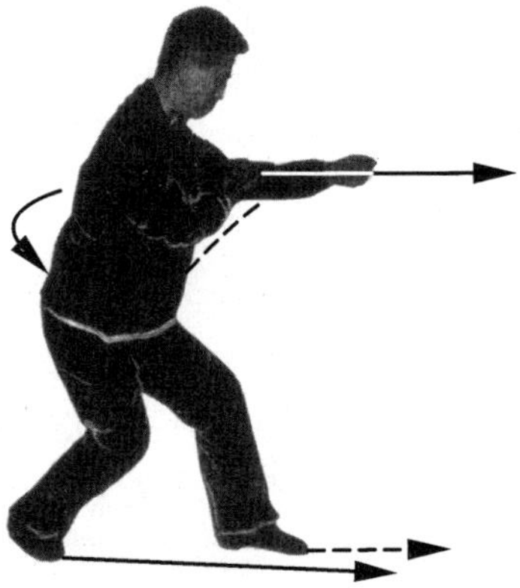

圖8-3

圖8-4

圖8-5

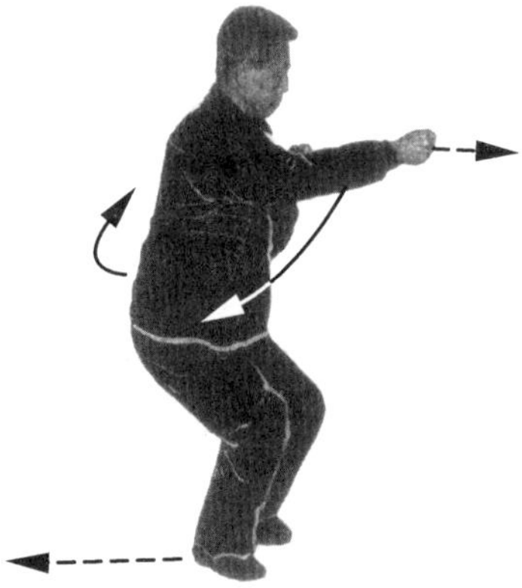

圖8-6

圖8-7

圖8-8

圖8-9

圖8-9背面

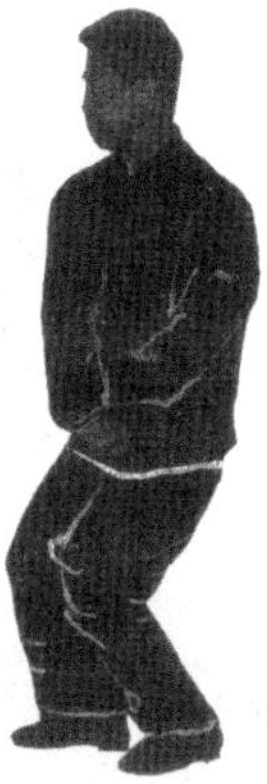

圖8-10

圖8-10背面

圖8-11

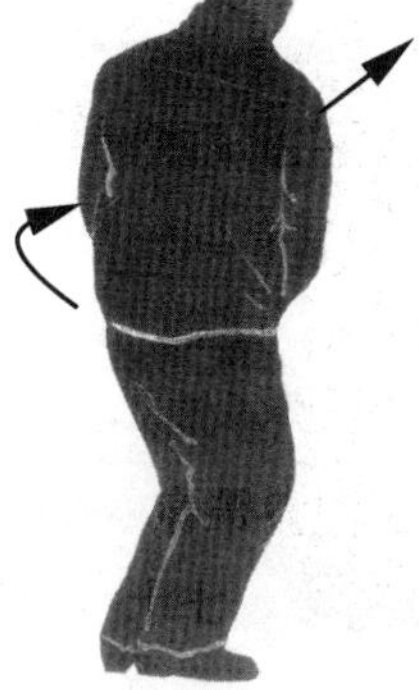

圖8-11背面

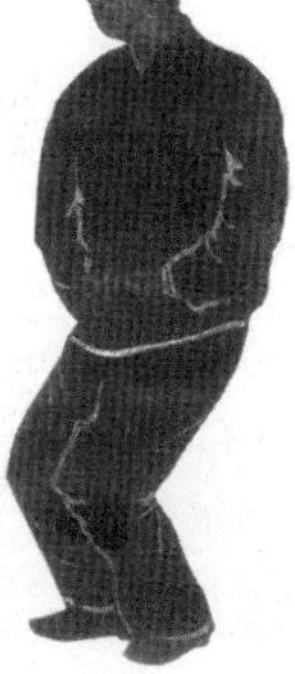

圖8-12

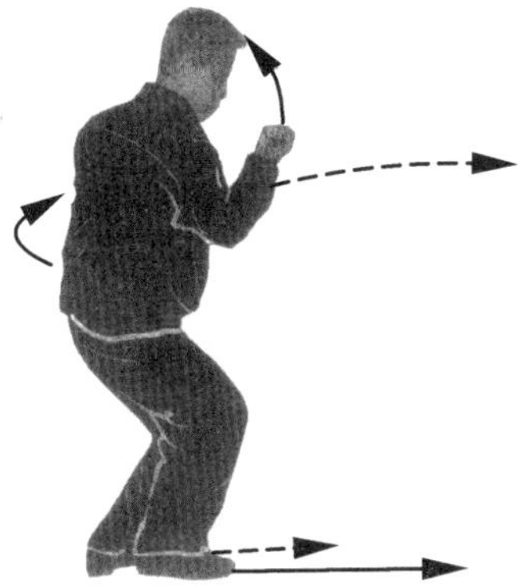

圖8-13

圖8-14

圖8-15

圖8-16

圖8-17

圖8-18

圖8-19

圖8-20

圖8-21

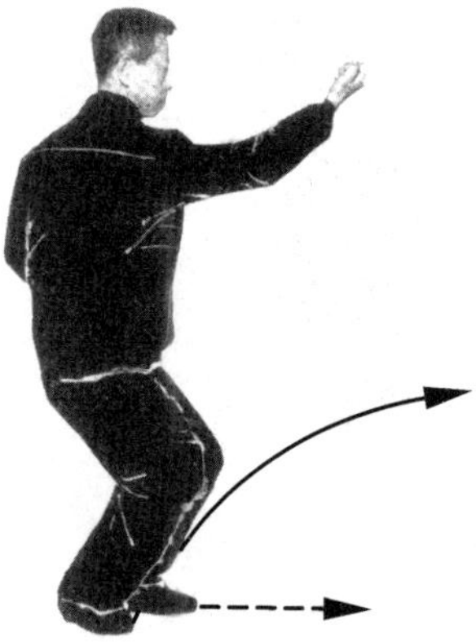

圖8-22

圖8-23

圖8-24

圖8-25

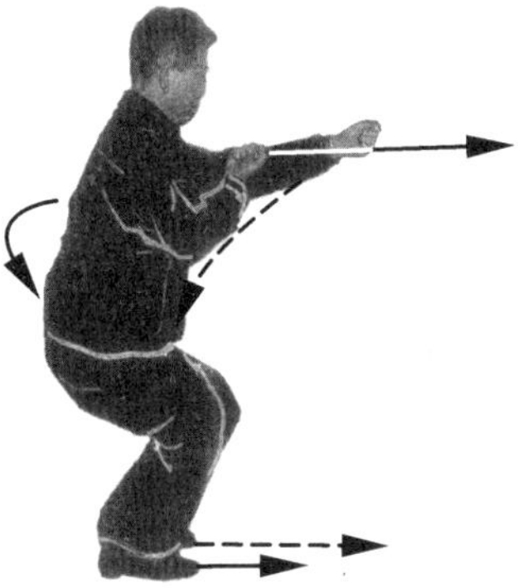

圖8-26

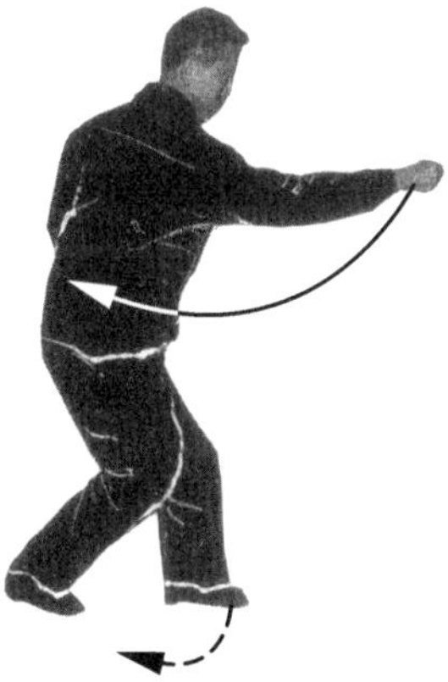

圖8-27

圖8-28

圖8-29

圖8-30

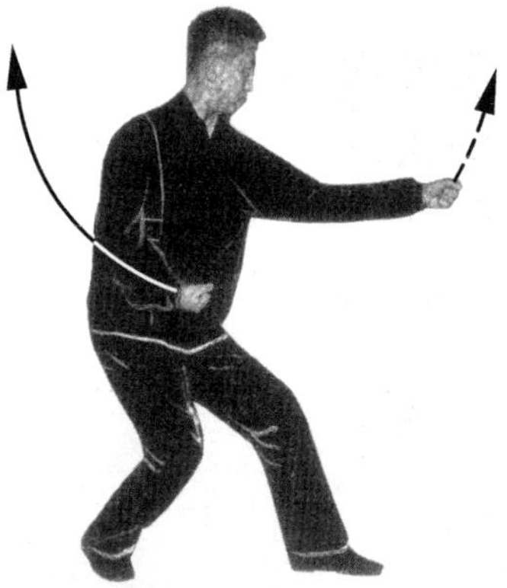
圖8-31

六　形意傳統器械

（連環刀、劍、棍、槍）

概論形意傳統器械和特點

形意門中傳説，最初是只有拳法而無器械。這在一種拳法的創始階段是很自然的事，可是在冷兵器時代，一位武術家只精拳脚不會器械是不可思議的，所以像創建形意拳前身的姬際可也是精於器械擅長大槍術的，只不過他所擅長的槍絶不是像現在已經發展了的形意槍罷了。

形意拳既然幾經演變、發展而成爲現在這個樣子和水平，是不斷通過實踐、認識、再實踐、再認識而不斷地提煉，才走上精微的道路上來的。那麼形意器械也是在精煉各類器械性能的基礎上，逐步結合形意拳的勁法特點加以運用，才形成它獨樹一幟、别具特色的器械動作套路，并由一種發展到多種的過程。

形意傳統器械最大的特點，也是最顯著的長處，就是拳械一體。武壇有句話説："器械是臂的引長。"用形意器械來比喻才是最妥切不過的。因爲它是以拳爲本的，是按拳的套路、技法和勁路而用之於器械的，就是説器械也就是拳。有什麽拳，就有什麽器械，故説它是臂的引長，是拳械一體的。所不同的只是不同器械有它不同的特點和不同的使用方法，在運用中發揮不同的性能而已。因之，形意器械它就不像有些拳種，練拳是拳的套路，練器械則另有器械套路，一切總得從頭練起。相比之下，形意器械就少走不少彎路，它與拳是相得益彰的，無疑會起到事半功倍的效果。

正因爲它以拳爲本，既或是同一種器械，也與一般練法有不同的内涵，只是對這方面知者人稀，故未引起人們注意。實際按一般器械使用規則來衡量形意器械，是不適用的，由於拳械一體，因而它在使用技法上也就别具一格，分述幾點略示梗概：

一、和拳一樣别具勁法。

形意拳的發勁和技法，運用在器械上，可以説是毫無二致的，因之與一般就有較大差异。形意器械爲了把身手的勁運用到器械上，掌握和使用好它的技法,所以它有許多單趟練的器械基本功,那就是五行的刀、劍、棍、槍等,另外也有一些基礎套路。而連環刀、劍、棍、槍的套路正是集五行之大成,融於一爐,進行動的運用和鍛煉,但總不離其單練之本,無一不反映其特點。如劈刀,一般叫劈刀多用直臂掄劈,用的是起、隨、追的發力方法。而尚氏形意的劈刀則和劈拳一樣,用的是腰催肩,肩催肘,肘催腕刀的"三催"勁,不用直臂掄劈而是屈臂帶劈、帶推、帶錯既發揮腰力,又使手脚齊到,别有鮮明的勁法特點。

再如崩刀,一般叫崩刀是用振臂抖腕之力。而形意崩刀却不同,也和崩拳一樣,用"三催"發腰勁,和手脚齊到,在使用上既有推勁,又有錯勁,還有刺勁,甚至連"三星"都得抻出來,找不到這種勁,就不成其爲崩刀,因爲没這種勁就没有崩刀應有的特長了。形意劍除用兩面刃,無纏頭裹腦外,略同於刀,不贅述。

在長器械中的棍和槍有較大差異。一般棍法所謂"棍打悠勢""棍打一片"就是指的借悠勁掄打,力在棍的前端。而形意棍與拳相同,仍用"三催",腰爲軸,爲支點,又爲力源,利用槓桿以加大作用力,從動作上看毫無大掄大悠,只求近而易變,快而剛實;借腰力發震撼力,以求少傷其皮肉,重創其筋骨。如劈棍就不用掄劈,而是以腰爲支點發勁,兩臂相撑,手脚齊到,勁剛而實;且内含推、砸、戳等勁,實用效果較大,也顯示出與衆不同的勁法特點。

談到槍差别不小,所謂"圈槍爲母式",一般練槍把這個基本技法叫作"攔、拿、扎"。有的講前把不動作爲準星,"全憑後臂翻攪之力以破來勢"。而形意槍把這個基本槍法則叫"崩、扣、扎",有它不同的含義。因爲形意槍和拳一樣,講起落鑽翻,腰爲力源,兩把相撑,前後相輔,因之它所用的崩、扣,就和一般的攔、拿不同,既是顧,又是打,威力自然也不同。人們有的説形意拳是由槍變出來的,其淵源姑且不論,但就拳械一體來説,還是毫無疑義的。可見形意的拳與槍是勁、法一體的,又是相得益彰的,但是它既具有特殊技法就得單從練功、找勁中去磨礪以求之。

二、亦顧亦打,技法特殊。

形意器械本來就是有特點的,而尚氏所傳則更强調發揮拳的勁法,因之能在顧中有打,亦顧亦打。

該先説明的,這裏所説的"顧",不同於一般常規,不是單純破解對方進攻的防守招法,而是在破解中有打,甚至是破解就是打。這是與它别具内涵的勁、法直接相關的，也是前輩不傳之秘。如果只識方法，没找到勁，還是做不到的。

比如劈刀，如對方見空以刃直刺頭胸時，則屈臂向前迎對方的來刃，一接觸便發勁，對方之刃一沾勁，刃自偏離我身，加上劈勁，我刀即中敵身矣。這就是不用先破解、再進招，也就是道最近、法至簡的亦顧亦打的精華。劍棍等器械皆如是，只不過器械有别，部位不同，則方法有異而已。

只是槍與刀、劍、棍皆不同，它在圈槍中不論是外崩，還是裹扣，一搭來槍，也就是拳的"沾身縱力"馬上發勁。只要勁找得對，對方來槍必然槍頭墜地，再好些便會震開對方單手。如尚先生等诸前輩，一搭槍甚至可使對方雙手脱把。這才是勁與法的結晶。表面看這也是"顧法"，實際却能使對方完全失去抵抗力，所以這叫作"亦顧亦打"，這顯然比只把對方來槍撥開的效果就大得多了。

三、械隨步進，手兼單雙。

形意拳講究"行如槐蟲""打人如走路"。而練器械也完全一樣，器械的進擊，也是利用脚的前趟、後蹬、械隨步進，步到械到，要求上下相隨，身械合一。也要練出像拳脚一樣的"手脚齊到才爲真"的整勁來。這樣自然使器械之用因步身之助而增加了威力，這也形成形意器械的特點之一。

尚氏形意在練、用短器械上，不同常規，單手，雙手一齊用。如練單刀，一般慣例講究"單刀看手"，就是强調一手持刀，另一手要做到適當的配手作用。單刀所以要看手，是要看它在實際運用中能起到的作用如何，不僅看配合還要看它能否起到輔助、補足持刀手防守和進攻方面的不足。形意所練的單刀在不跟步的情况下，使用橫直翻轉，近截遠取，以及撩、掛、雲、點、挑、扎、抹、帶等刀法時，則多用單手使其變化靈活，得借腕力，但都要求做到上述"看手"的技法要求。而在使用"亦顧亦打"爲了突破來力時就要用雙手握刀；在用"硬打硬進"突破對方阻力時也要用雙手；以至沾械、沾身而發勁時更要用雙手。這些臨陣措施，就成爲它的特有技法。故云："單手靈活易變用於平素；雙手沉實力猛發於一旦。"這種運用短器械的方法，是前輩不傳之秘；形意之特長，也是它顯著特點之一。

形意傳統器械的內容

形意器械既稱“拳械一體”,有什麼拳,有什麼器械。那就是無論單、雙還是長、短器械,都是先有拳而後才有這個拳的器械。例如:有了連環拳而後才有連環的刀、劍、棍、槍。因爲有了六合拳而後才又有的六合的刀、劍、棍、槍等器械。如果有的器械套路名稱雖用的是形意技法術語,可是在形意的傳統套路中却没有這種拳,那麼這趟器械套路,就不見得是形意的傳統套路。因爲它不符合“拳械一體”的前提。不論形意門中有多少人練它,而從形意拳械的勁、法淵源和它的動作特點也可鑑别。比如形意有“七拳”,也叫“七曜”,又叫“七星”,可是却没有“七星拳”,當然也就没有“七星”器械了。如果有人把“七星劍”這樣套路説是形意門的東西,就太可笑了。再如形意樁功有“三體式”又叫“三才式”,可是却没有“三才拳”。而現在練形意的,却有不少人在練“三才劍”等三才器械。這不奇怪,是適人所需,習久成俗。可尚先生精通百家;却一生專工形意,留傳下許多載於經傳,却鮮見人會的技藝,但先生却從未談及和教練三才器械,因爲知道它不是形意傳統的套路。正像老前輩們曾談過:“‘雜式錘’這趟拳本來不是形意傳統套路,是一個串腕子的人(即未正式認過師)會了不少形意套路,因未真得師傅,故對個中窮要却不得其門,他就編了這套以十二形合演爲名的‘雜式錘’,用它來向某位老前輩换取五行拳的精華、勁和法。儘管他編的這套拳缺乏往返變化,每趟長短不一,雷同動作既多又僵化,却迎合了人們需要,希望有一趟,多包括十二形内容的套路,終於被接受傳播下來,現在成爲人們公認的傳統套路了。”這就是一例,今後這類事還會有。不過作爲真有造詣和素養的形意拳家們是會博取他家技藝特長的,但絶不會輕率地汲收華表異物,而影響形意技藝的純真和水平的。爲了更好地繼承和發揚優秀傳統,盡量避免混雜,是該盡量解决技藝的供與求的關係。因爲形意的傳統器械會的人太少,如果不能儘早傳播開來,就不免有以假亂真，或爲了教學需要而他取兼用，這對繼承發揚優秀傳統是大不利的，我們所以要寫形意器械的動機也在於此。

形意傳統器械是在傳播中不斷充實發展而形成的，正因爲出自名家前輩之手，都是很有特色的。它的發生和發展如果說山西戴家就把崩棍、砲棍、反背棍視爲奥秘的“三棍”，并有六合器械的傳流。那麽到現在，不僅演變了，而且更加豐富了。但是在河南一支却未見流傳過心意拳器械。可見這些器械的發展是出自河北李洛能和他所傳的都具有高深造詣的門生們之手，如傳藝於山西的宋世榮、車毅齋，傳藝於河北的郭雲深、劉奇蘭等諸位先生。其後融合河北、山西兩支特長的李存義先生，又增加了不少創新。而得其舊學新知衣鉢的，又是身受兩代親傳的，繼承了郭雲深老先生半步崩拳、丹田氣打和大杆子三絶藝的尚雲祥先生一生專工的形意，無視其他，則更是繼承、光大的一代宗師。用先生自己的話説:“練什麽也没有練形意的味道深，求之不盡，用之不竭呀!”這説明了先生因爲專一而能致精，是吃透了形意拳械的個中三味。更顯見尚先生所傳授的特色。以刀、劍、棍、槍這四種最通常的器械來説，就有五行單趟練的劈、鑽、崩、炮、横各趟基本功，又有五行、連環、六合和十二形的各個不同套路，還有八式、十二烘錘的個別器械套路;還有譜載的稀有器械麟角刀、鳳翅钂，此外先生還闡發留傳有雙刀、雙沉香拐、雙錘，還有鐵筷子(峨嵋刺)和文杖等等。可貴的是這些器械不僅都體現了形意“拳械一體”的特點，而且是每趟都有其不同風格和技術特點，體現出老輩名家們技藝高深抉入精微，特别是認真求實的精神是感人至深的。給我們留下了許多寶貴的遺産，使我們明目清智、增長了武技、見識，也助長了鑑識金、沙的能力。

形意連環刀

形意連環刀的動作名稱

一、預備式
二、格刀推掌
三、三體式藏刀
四、進步崩刀
五、退步反崩刀
六、斜進步劈刀
七、反身三體式藏刀
八、進步刺刀
九、翻身提膝劈刀
十、進步炮刀
十一、退步提膝裹腦刀
十二、進步鑽刀
十三、蹬脚斬劈刀
(狸猫上樹刀)
(一)蹬脚横斬刀
(二)落步斜劈刀
十四、進步崩刀
十五、撤步擰身反劈
十六、轉身上步劈刀
十七、退步拖刀
十八、轉身截砍
十九、倒步横拍掌
二十、進步刺刀
二十一、回身蹬脚斬劈刀
(回身狸猫倒上樹刀)
二十二、進步崩刀
二十三、擺扣步轉身掃刀
二十四、收式

形意連環刀的動作説明

一、預備式

兩脚成立正姿勢;沉肩墜肘,頭頂項直,舌舐上顎,氣沉丹田,目視前方;左手以拇指和虎口扣住刀盤,食指和中指夾住刀柄,無名指和小指握住刀盤,使刀背緊貼左前臂;刀尖朝上,刀刃朝前垂靠於左胯側;右掌五指并攏自然下垂於右胯側(圖 9-1)。

二、格刀推掌

1. 雙腿微屈,重心前移,身微右轉,右脚向前方邁出一步,脚尖斜向左,成裹扣步;同時,左手抱刀向左、向前、向裏翻轉,在身體左前方劃半圓弧,屈臂平肘下落至胸前,刀盤扣於腕下,高與心齊;右掌則同時屈臂提起靠於腰之右側，掌心向上；目視左方（圖 9－2）。

要領：

左手擺臂扣刀盤，與上右步必須借腰力，上下一體，完整一氣。

2. 動作不停，重心移至右脚，身體左擰，左脚經右脚裏側向左前方邁出成椿步；同時，左手扣刀向下、向左撥格，隨轉體邁步落於左胯旁，刀尖朝上，刀刃朝前；右手同時隨之變立掌向左前方推出，掌心向左，沉肩墜肘，右小臂高與胸齊；目視前手（圖 9－3）。

要領：

（1）整個動作，以腰帶手；格刀、推掌與左脚前邁落地動作要協調，勁力要完整一致。

（2）格刀着力於刀柄、刀盤；推掌着力於立掌的小指側。

三、三體式藏刀

1. 腰微右轉，身體正對前方；同時，左手抱刀向前、向上抬至與右臂平，右手接刀（圖 9－4）；左手向裏卷腕，在右腕裏側成立掌；同時，重心前移，左脚前邁成左弓步；目視刀柄前方（圖 9－5）。

2. 動作不停，重心前移至左脚，右脚屈膝前提扣於左腿後膝窩處；同時，左手攞刀成立掌前推，右手持刀同時向下、向後拉至右胯後方，刀尖朝前；目視左前方（圖 9－6）。

3. 動作不停，重心後移，右脚向後撤一步，左脚隨即屈膝提起成獨立式；同時，左掌由前向下、向裏卷腕回收，貼身上穿至胸部；右手持刀向外、向後翻腕上舉，使刀背貼於腦後背部，刀尖朝下；目視前方（圖 9－7、9－7 正面）。

4. 動作不停，左脚向前落地成椿步，右手持刀由左裏肩，經胸前向前、向下、向後拉至身體右側後方；同時，左掌由右臂裏側用手背攞刀背，擰成立掌向前推出成三體式藏刀式；目視前方（圖 9－8）。

要領：

（1）此式爲形意刀法運用中的起式，它的各個分解式應爲連貫動作，不停頓，要一氣呵成。裏腦攞刀要自然合諧，不得聳肩、低頭。

（2）重心的轉移、提膝、落步與兩手的配合，動作要協調、完整、一致。

四、進步崩刀

1. 重心前移，左脚向前進半步成左弓步（過渡性步型）；同時，右手持刀向前刺遞而出，刀刃朝下，刀尖高與肩平；左手握於刀柄後半部；目視前方（圖 9－9）。

2. 動作不停，重心前移，左腳後蹬，右腳貼左腳裏側向前邁進一大步，左腳隨即提起跟進靠於右腳裏側成左提步；同時，雙手握刀搓把（左推右拉）向上挑腕立刀回拉，使刀背向回掛帶落於右肩前部，兩肘抱肋，兩手緊貼右腹部；目視前方（圖 9－10、9－10 正面）。

3. 動作不停，左腳向前趟進落地，右腳隨即迅速跟進落於右腳後方裏側成崩拳步；同時，雙手持刀搓把向前推、錯、崩出，刀刃向下，刀身平，高與胸齊；目視刀前方（圖 9－11）。

要領：

(1) 圖 9－9 向前刺遞之刀是虛中有實；隨即立刀回掛，步進刀回，要上下完整；并應隨即趟進崩出；要借上身和後蹬之力，使崩出之刀迅疾剛猛，勇不可擋。

(2) 崩出之刀，要內含推、錯、刺之勁法。

五、退步反崩刀

1. 重心後移，右腳向後方撤一大步成左弓步（過渡性步型）；同時，左手向下、向裏回拉翻腕，手背貼於心口；右手同時持刀在身體右側向下、向後、向上、向前掛一周，至胸前時，左手順右臂擫刀背變立掌向前推出；右手同時握刀向下、向後拉回，收於右胯旁；目視左手前方（圖 9－12）。

2. 重心繼續後移至右腿，左腳後撤提起靠於右腳裏側成左提步；同時，右手向外翻腕，使刀向後、向上、向前回卷至右肩後上方，刀刃朝上，刀尖朝前；左掌微下沉；目視前方（圖 9－13）。

3. 重心繼續後移，左腳沿直綫向後跳落成退步崩拳步；同時，右手握刀向前推、錯、反刺、刀刃朝上，高與頭平；左掌同時向下、向裏回收至右小臂裏側；目視刀前方（圖 9－14）。

要領：

(1) 退步要放開；刀借甩腕要活開；提步要活中而穩。

(2) 左腳向後跳落，與右手握刀反崩，左掌回收，動作要一致，勁力要完整。

(3) 反崩之刀要借左腳跳落反蹬和發腰勁，使力貫於刀。

六、斜進步劈刀

1. 左腳經右腳裏側向右斜前方進步；右手刀由前下落，經身體左側向後、向上、向前掛至左肩前上方；蓋步掛刀的同時，左掌向裏卷腕下穿至腹左前方；目視斜前方(圖 9－15)。

2. 右脚迅速向右斜前方趟進一大步，左脚隨即跟進半步成炮拳步；右手刀由上向前、向下劈出，刀身平，高與胸齊；同時左掌向後、向上擺，成亮掌停於頭上左側方，指尖朝劈刀方向；目視刀前方(圖 9－16)。

要領：

(1) 蓋步，指左脚經右脚裏側，邁向右脚的右前方；蓋步，右手掛刀和左掌下穿要協調一致。

(2) 右脚趟進踩落與右手劈刀，要身械一體，快速、完整。

七、反身三體式藏刀

1. 右脚尖裏扣，重心移至右腿，身體由左向後轉，左脚屈膝提起成獨立姿勢；同時，右手刀向外翻腕向後、向上裹腦，使刀背貼於後背，刀尖朝下；左手隨轉體後，由前下落，繼而向裏卷腕貼身上穿至胸部，掌心向外；目視前方(圖 9－17)。

2. 動作不停，左脚前落成三體式，右手刀裹左肩經胸前向下、向右拉刀停於右胯旁；左掌在刀行至胸前時，順右臂裏側擨刀背向前方成立掌推出，掌心向右，高與胸平；目視前方(圖 9－18)。

要領：

(1) 此式爲反身提膝裹腦動作，要舒展自然又快速靈活，不得聳肩、低頭。

(2) 落脚、拉刀、推掌要完整有力。

八、進步刺刀

1. 左脚提膝抬起，右手刀向外翻腕向後、向上裹腦，裹左肩拉至胸前；同時，左手向下、向裏卷腕，貼右臂裏側擨刀背立掌推出，掌心向右，高與胸平；右手刀同時自胸前向下、向右拉至右胯旁；左脚同時前進一大步，右脚隨即跟進提起靠於左脚裏側成右提步；目視前方(圖 9－19)。

2. 上動不停，右脚向前趟進成椿步；同時，右手刀用力向前刺出，刀高與肩平，刀背斜向右；左掌於右手刺刀時回按，附於右小臂裏側；目視刀前方(圖 9－20)。

要領：

(1) 提步拉刀與推掌動作，要完整一致。

(2) 右刀前刺，左手回按，與右脚落地要同時完成，動作要迅猛，力貫刀尖。

九、翻身提膝劈刀

右脚尖裏扣,重心移至右腿,身體由左向後轉,左脚迅速屈膝提起成獨立式;同時,右手刀向外翻腕由後上舉,刀尖朝下由右肩上向前、向下劈落,刀前部高約與胯平;左掌同時貼身由下向左、向上擺動停於頭的左上方,目視刀尖前方(圖 9-21)。

要領:

(1) 向前劈刀和向上擺掌,運動方向相反,兩臂相稱,并要快、穩而有力。

(2) 要借提膝向左擰腰和向上擺掌之力,以加大劈刀力量和穩定獨立重心。

十、進步炮刀

1. 左脚向前方落步;右手刀向外翻腕上掛至頭部左前上方;同時左掌下落附於右手裏側腕部;目視刀前方(圖 9-22)。

2. 動作不停,右脚由左脚裏側向前趟進一大步,左脚迅速跟進半步成炮拳步;同時,右手刀從身左側由後向下、向前炮出;左手配合右手,附於右小臂裏側;刀刃朝上,刀尖略低;目視刀前方(圖 9-23)。

要領:

(1) 上掛接進步炮刀要連貫迅猛,右脚落地與出刀要借腰力同時到位。

(2) 刀身與右腿上下相對,力貫刀身前半部,要有推、錯、撩的勁。

十一、退步提膝裹腦刀

1. 左脚向後方撤一大步成右弓步(過渡性步法),右手刀由前用小臂和腕力使刀在身體左側向下、向前掛一周;左手不動;目視刀前方(9-24)。

2. 動作不停,右脚亦向後撤一步成左弓步(過渡性步法);同時,右手刀以小臂和腕力使刀在身體右側向下、向後、向前掛一周,向後拉至右胯旁;左掌於右手向後拉刀時,貼右前小臂攊刀向前成立掌推出;目視前方(圖 9-25)。

3. 動作不停,身體重心移至右脚,左腿屈膝提起成獨立姿勢;同時,右手刀向外翻腕裹腦從後向身體左側向前,向右圍身體裹一周後,拉至頭右上方,刀尖朝前、刀刃朝上;左掌則同時由前向下、向裏卷腕,貼身上穿附於右小臂裏側;目視前方(圖 9-26)。

要領:

(1) 左、右撤步掛刀與提膝裹刀爲連貫動作,要做得協調、迅速,一氣呵成。

(2) 掛刀在身體兩側要成立圓,裹腦刀要開臂立刀繞背,不得聳肩、低頭。

十二、進步鑽刀

接上動,上體右擰,使右手刀向右、向下、向裏卷臂,經腰部向前、向上鑽出,刀高與眼平,刀刃朝上,刀尖稍低,着力點在刀刃前半部;左掌同時經體前向下、向前、向上弧形亮掌,停於頭左上方,指尖向前;右手刀卷臂向前、向上鑽出時,重心前移,左脚向前趟進一大步,右脚隨即跟進半步成炮拳步;刀到步落;目視刀前方(9－27)。

要領:

(1) 提膝裹腦刀和上步鑽刀,爲連續動作,要身械連貫,縱腰發勁出刀。

(2) 右手刀鑽出時,上身要盡量左擰與左腿上下相對,刀尖、脚尖、鼻尖要三尖對。

十三、蹬脚斬劈刀(狸猫上樹)

(一) 蹬脚橫斬刀

身體重心前移,左脚向前方墊一步,隨即右腿屈膝,猛力向前蹬出,脚尖外展;同時,右手刀從右繞背裏腦,裹左肩從胸前向右橫斬,至身右側,刀刃朝右,刀尖朝前,高與肩平;左掌同時由前向下、向裏卷臂貼身上穿至胸前,於右手刀向右橫斬時,貼右小臂攞刀向左擺掌分出至身左側、高與肩平,指尖向前;目視前方(圖 9－28)。

要領:

(1) 右脚前蹬要借左脚上步之勢。

(2) 右脚前蹬與分掌、橫斬刀同時進行,周身一體,左右相稱。

(二) 落步斜劈刀

上動不停,右脚向前落步,脚尖外展,左脚隨即跟進半步,成退步崩拳步;同時,右手刀向外翻腕由右向身後裹腦至頭上方;左掌同時由身體左側上舉,按於右手腕部,向右擰腰,雙手合力由左肩上向前劈落,刀尖高與肩平;目視刀前方(圖 9－29)。

要領:

(1) 與前動橫斬刀是一個連續動作,中間不應有停頓。

(2) 右脚下落與劈刀要借向右擰腰之勁,刀脚齊到,動作要迅疾、剛實。

十四、進步崩刀

1. 接上動，刀尖前探，左手握於刀柄後端，右脚向前趟進一大步，左脚隨即提起跟進靠於右腿裏側成左提步；同時，雙手持刀向上回挑掛至右肩前，兩手貼身，兩肘貼肋，目視前方（圖 9－30）。

2. 動作不停，左脚向前趟進一大步，右脚跟進成崩拳步；同時，雙手搓把合力將刀向前崩出；目視刀前方（圖 9－31）。

要領：

（1）雙手持刀向上回挑掛與落右脚提步要上下相隨，完整一力。

（2）崩出之刀要借後蹬前趟之勁，以發腰力。

（3）從進步鑽刀、狸猫上樹到進步崩刀練起來要一氣呵成，猶如連環拳的一馬三箭有如排山倒海、雷霆萬鈞之勢、以體現形意刀的迅猛、剛實的特點。

十五、撤步擰身反劈

1. 腰向左轉，左脚向左後方撤步成左弓步；同時，左手變掌下落，手心向上貼身向左側擺至左肩上方；右手向裏翻腕下沉使刀背朝下；目視右方（圖 9－32）。

2. 動作不停，右脚經左脚裏側向左前方上步；右手刀由身前向下、向左上、向右掄掛反劈，高與胸平；同時，左掌配合右手屈臂卷腕，由右臂裏側貼身下穿，向左、向上擺至頭左上方成亮掌；目視劈刀（圖 9－33）。

要領：

撤步反劈、要借屈臂擰腰掛刀掄劈之勁，練出步落刀到的整勁。

十六、轉身上步劈刀

1. 上動不停，右脚尖裏扣，左脚尖上步外擺，身體左轉回身；右手握刀隨轉體向左平掃，繼而經身前翻腕上舉纏頭，繞左肩外側行至右肩後方，刀尖朝下；同時，左掌屈臂卷腕在右臂裏側貼身下穿，向左擺起；目視前方（圖 9－34）。

2. 動作不停，右脚向前趟進一大步，左脚跟進半步成椿步；同時，借上身左擰，右手刀經右肩上向前斜向劈出，刀尖高與肩平；左掌在右刀前劈的同時握於刀柄下端以助力；目視前方（圖 9－35）。

要領：

蓋步反劈之後，借轉身之力接連做進步劈刀，要活腰、擺臂，動作迅速；斜肩帶背，劈刀要迅猛。

十七、退步拖刀

1. 右脚向右後方撤步成左弓步；右手刀以小臂和腕力使刀在身體右側掛一周，繼而向後拉至右胯旁，刀尖向前；左手在右手掛刀的同時，在體前下落，繼而卷腕貼身上穿至胸部，貼右小臂裏側攔刀向前成立掌推出；目視前方（圖 9－36）。

2. 動作不停，右脚尖外擺，身向右轉，左脚貼右脚裏側向右前方上步成左弓步（因此動是撤身拖刀扭頭後看而走，是“走後留招”，爲了“敗中取勝”，故出撤身向後上步的左弓步在技法上應稱爲“敗步”）；左掌在原處擰轉變鈎手，鈎尖朝上；同時，右手持刀屈臂從下向右後掄掛，繼而翻腕上舉使刀背貼於左臂外上側，刀刃斜向上；扭頭目視後方（圖 9－37）。

要領：

退步掛刀、轉身左弓步拖刀，動作要協調、靈活；步隨身换、變换自然。

十八、轉身截砍

1. 上動不停，左脚尖裏扣，右脚尖外擺，身體右轉重心落於左腿成樁步；右手持刀向外翻腕，隨轉身之勢用刀背向後斜上截擊；同時，左手變掌隨轉身下落按於左大腿膝上，虎口朝裏、刀背向右；目視刀身（圖9－38）。

2. 動作不停，右手刀借截擊之勢，在頭部前上方由右向後、向左雲繞大半周，然後用刀向下、向前斜砍，刀刃朝右，刀尖高與膝平，指向與右腿的前進方向相同；目視刀尖（圖 9－39）。

要領：

退步拖刀與轉身雲截下砍爲連續動作，中間不得停頓；轉身上截下砍要用腰勁，動作要迅速、有力。

十九、倒步横拍掌

左脚前邁至右脚裏側，右脚隨即倒回撤至左脚原來位置成樁步；同時，右手刀借倒步擰身迅即回拉至身右側後方；左掌亦借倒步换身之勢由左向右横拍，掌高與心齊；目視手前方（圖 9－40）。

要領：

倒步要快，與横拍齊到要借腰力；左手、左脚前出和右刀回拉要左右配和諧調。

二十、進步刺刀

1. 左脚向前墊一步，右脚隨即跟進提起靠於左脚裏側成右提步；

同時,左掌向下、向左、向上擺至頭前成立掌,虎口向右;目視前方(圖9－41)。

2. 動作不停,右脚向前趟進踩落成椿步;右手刀借左脚蹬力進身,左擰腰向前刺出,刀背斜向右,刀高與肩平;左掌在刺刀的同時下落,按於右小臂裏側;目視刀前方(圖9－42)。

要領:

(1) 擺掌進步要輕快、協調;前刺與右脚踩落動作要完整一致。

(2) 刺刀要借抖腰發勁,要快、要猛。

二十一、回身蹬脚斬劈刀(回身狸猫倒上樹刀)

1. 右脚尖裏扣,重心移至右腿,左轉回身,左脚尖外擺;同時,右手刀從後上舉裹腦,然後由左肩上向前劈落;左掌同時經體前向左向上擺,按於右腕上部,以配合右手刀下劈,刀尖高與肩平;目視刀尖前方(圖9－43)。

2. 動作不停,重心移至左脚,右脚屈膝右擺脚尖前蹬;同時,右手刀向右平斬與肩平,刀尖向前;左掌同時向左平擺與肩平,掌心向左,指尖向前;目視前方(圖9－44)。

3. 動作不停,右脚隨即向前踩落,脚尖外展,重心在左脚;同時,右手刀翻腕後上舉,裹腦繞至左肩上方,左掌同時上擺按於右腕上側,配合右手借向右擰腰將刀向前劈出,刀的指向與右腿的前進方向相同;目視刀尖(圖9－45)。

要領:

(1) 回身狸猫倒上樹的兩個劈刀是連續動作,中間不要停頓。

(2) 蹬脚與掃刀、踩落與前劈動作要上下一致;要借擰腰劈刀,快而穩;兩腿夾實,勢拗而勁順。

二十二、進步崩刀

1. 右脚大步向前墊步,左脚隨即跟進提起靠於右脚裏側成左提步;同時,刀尖下沉向前探出,隨即雙手持刀向上,向回挑掛,停於右肩前方,兩手、兩小臂緊貼腰右側;目視前方(圖9－46)。

2. 動作不停,左脚向前趟進一大步,右脚隨即跟進成崩拳步;同時,雙手持刀借腰力向前崩出,刀身平,高與胸齊;目視刀前方(圖9－47)。

要領:

與四式相同。

形意拳、械傳統套路,往復相同,前半趟和後半趟是一樣的。連環刀的傳統套路不加帽，則練到十四式進步崩刀就接練回身狸猫倒上樹，就等於前半趟完了，回身練進步崩刀即可做後半趟。加帽則加做十五到二十的動作。現在加帽回身練完進步崩刀，即可做擺扣步轉身掃刀接半趟收式。如果想接練後半趟，向原來方向往回練，則接練“五、退步反崩”“六、斜進步劈刀”等，與上述動作完全相同，只是方向相反。練到頭，回身狸猫倒上樹，再接練“四、進步崩刀”（圖 9－48），接做收式前的過渡動作。

二十三、擺、扣步轉身掃刀

1. 重心略後移，右手持刀向外翻腕，以小臂和腕力使刀在身體右側向下、向後、向前掛一立圓；當右手刀向下掛時，右脚隨刀後撤一步；隨即左掌向裏卷腕由右臂裏側向上穿出，至頭左上方成托掌；同時，向右轉身，左脚尖回扣，重心在左腿，右手刀向裏翻腕使刀背靠於左腋下；目視右方（圖 9－49）。

2. 動作不停，身往右轉，右脚向右外前方擺步，重心仍在左脚（圖 9－50）；兩手動作不變，身體繼向右轉，左脚向右脚前做環行扣步，兩脚成內八字；目視右方（圖 9－51）。

3. 動作不停，身再往右轉，右脚經左脚後側，向左撤一大步，左脚尖隨之裏扣成右弓步，右脚尖朝身前與左脚平行；同時，借轉身撤步之勢，右手持刀右平掃，繼而翻腕後上舉，使刀裹腦繞背，繞左肩往前、往右側平掃，刀刃朝後，高平肩；同時，左掌隨轉身從左側下落，從右臂裏側向上穿向胸部，當右手刀向右平掃時隨即向身體左側擺掌分出，掌心向外，高與肩平；目視右方刀身（圖 9－52）。

要領：

（1）此式各個分解動作不應有停頓，不得有起伏，要旋轉靈活而快速協調。

（2）轉身撤步，裹腦右掃穿臂分掌必須身械協調，步到刀到、發勁完整。

二十四、收式

1. 右手刀向裏翻腕向左掄刀，使刀由身前繞左肩纏頭運行至右肩後；同時，左掌由上屈臂向下、向左側穿下；目視右側前方（圖 9－53）。

2. 動作不停，重心移至左脚，右手刀繼續由右往左平掃，至身體左前方向裏驟然翻腕使刀背朝下，刀尖朝後；同時，左掌在左前方舉手接刀；刀背置於左臂上；目視左方（圖 9－54）。

3. 動作不停,重心移至右腿,左手抱刀落於身體左側胯旁;右手由下往右擺至與肩平,手心向上;眼看右手(圖 9－55)。

4. 左脚向右邁步與右脚并步,右掌由右側上舉抖腕亮掌,頭隨之左轉;目視左方(圖 9－56)。

5. 右脚後撤一步,左脚隨之後撤與右脚成并步;同時,右掌向左、向下按於左臂裹側;目視左方(圖 9－57)。

6. 左脚向前上步,右脚跟進成并步,右掌落於右胯旁;頭轉正,目視前方(圖 9－58)。

形意連環刀的動作圖解

圖9-1

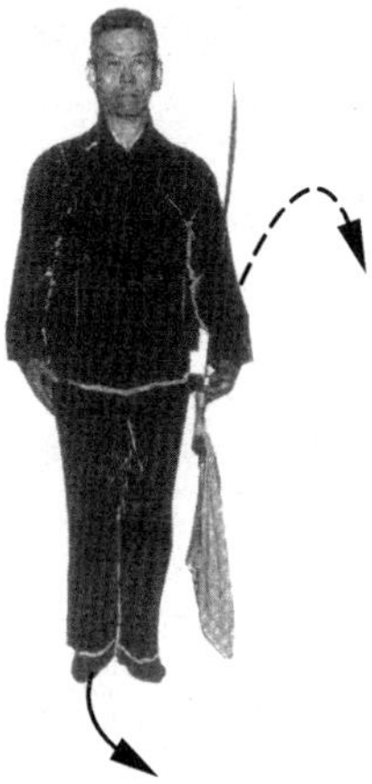

圖9-2

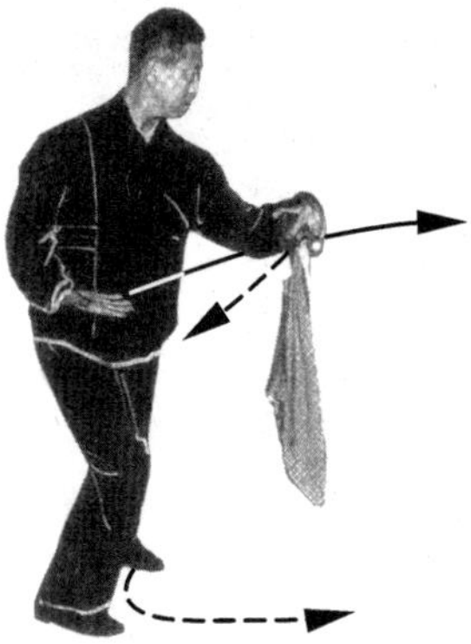

圖9-3

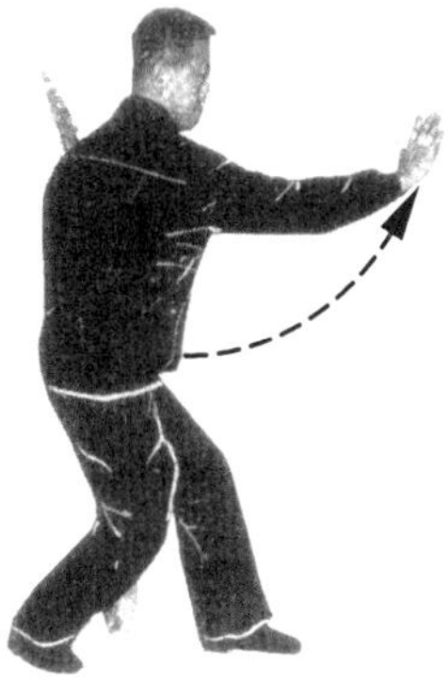

圖9-4

圖9-5

圖9-6

圖9-7

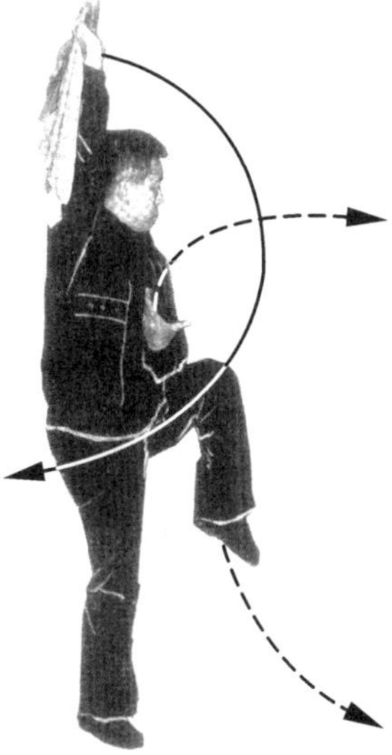

圖9-7正面

圖9-8

圖9-9

圖9-10

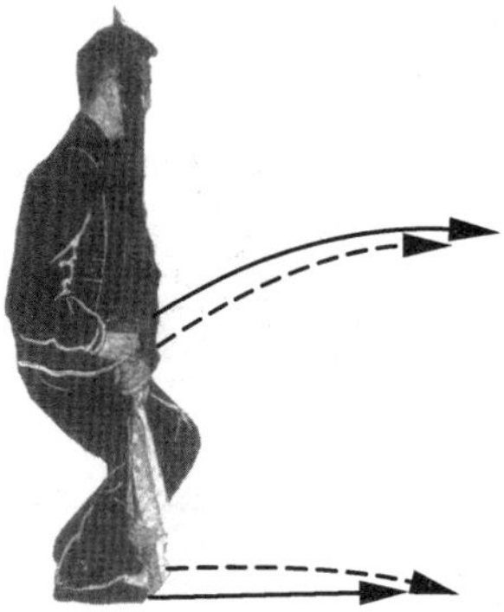

圖9-10正面

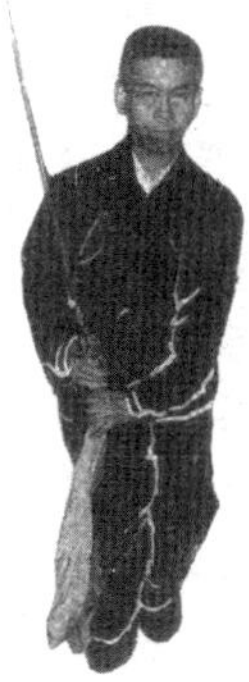

圖9-11

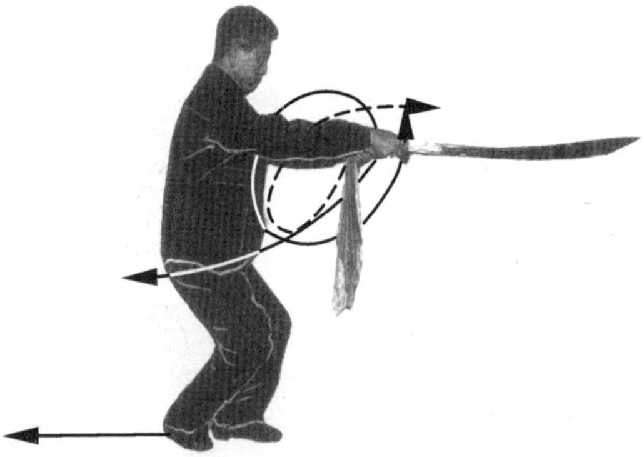

圖9-12

圖9-13

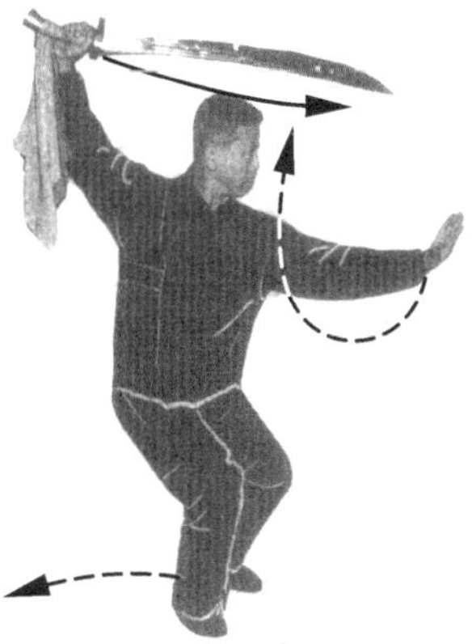

圖9-14

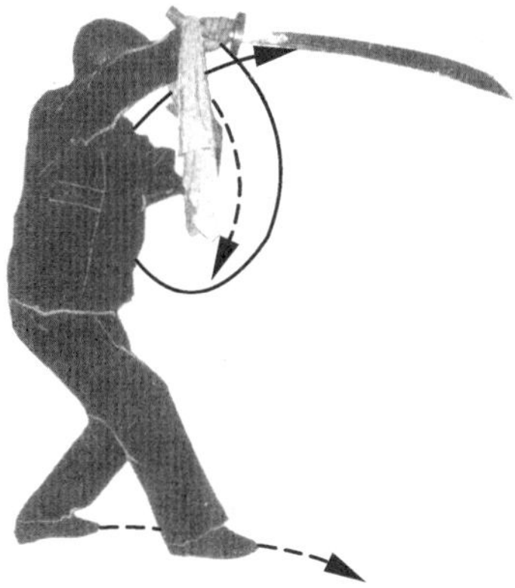

圖9-15

圖9-16

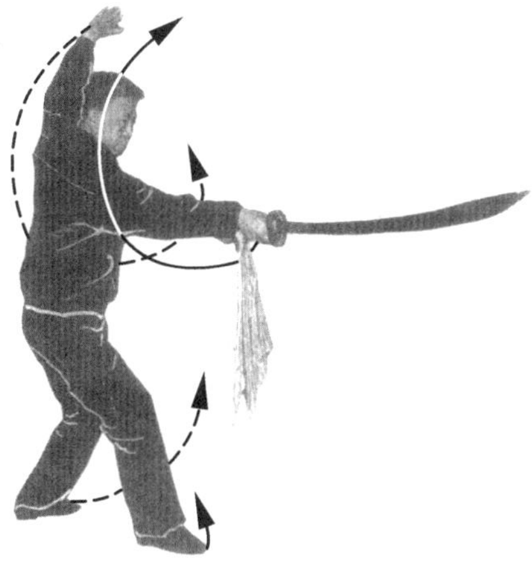

圖9-17

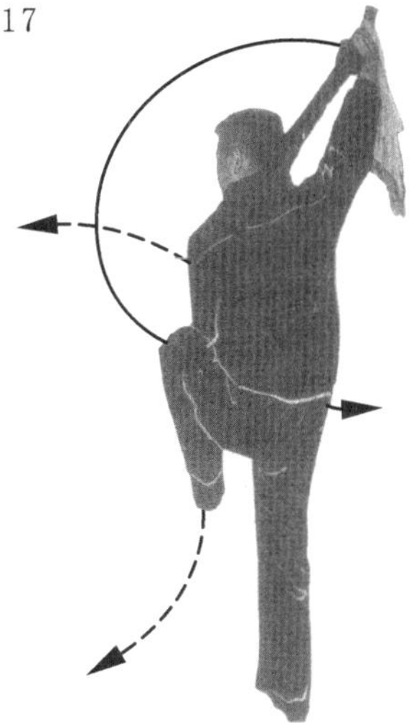

圖9-18

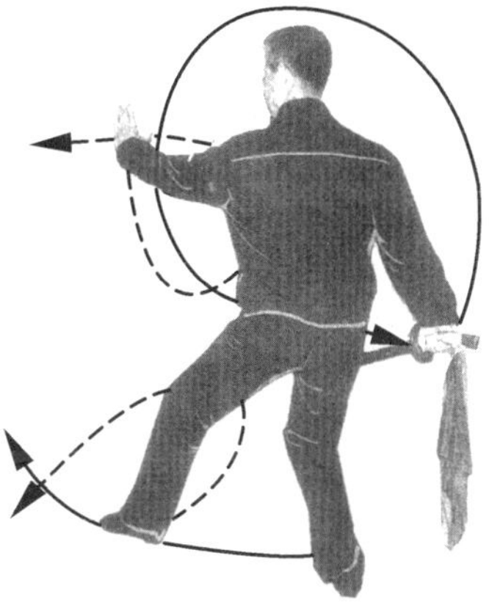

圖9-19

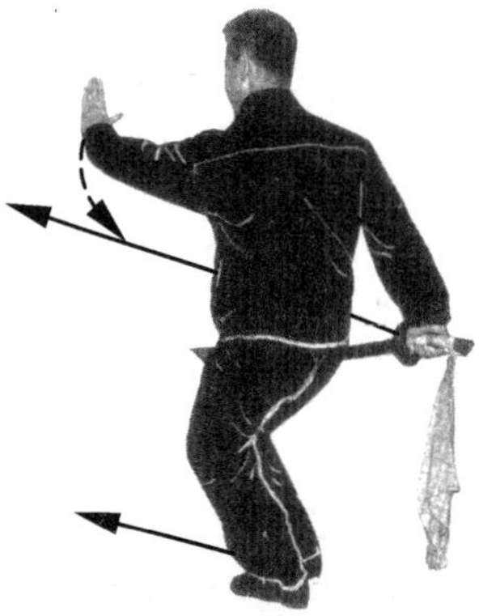

圖9-20

圖9-21

圖9-22

圖9-23

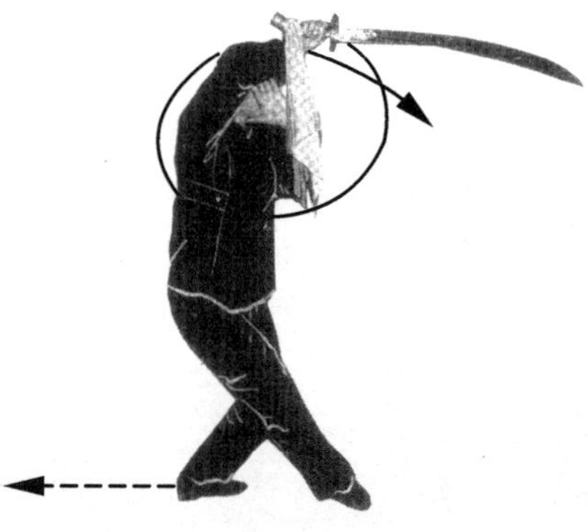

圖9-24

圖9-25

圖9-26

圖9-27

圖9-28

圖9-29

圖9-30

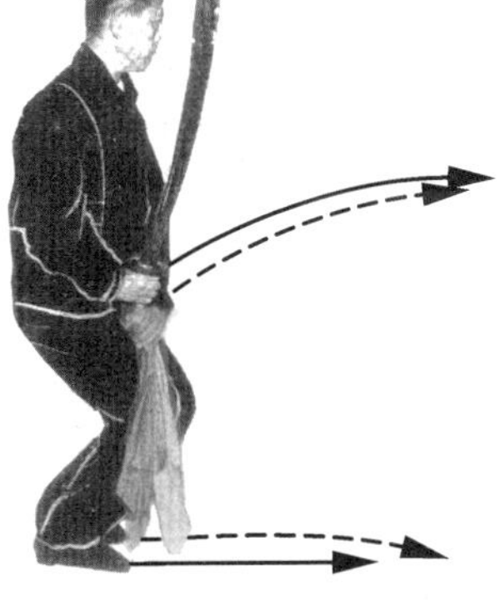

圖9-31

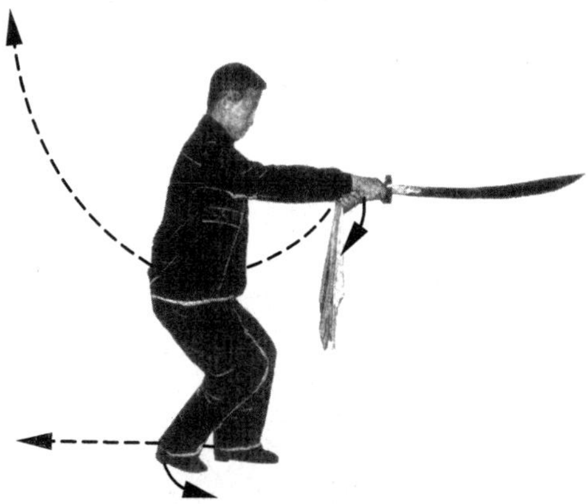

圖9-32

圖9-33

圖9-34

圖9-35

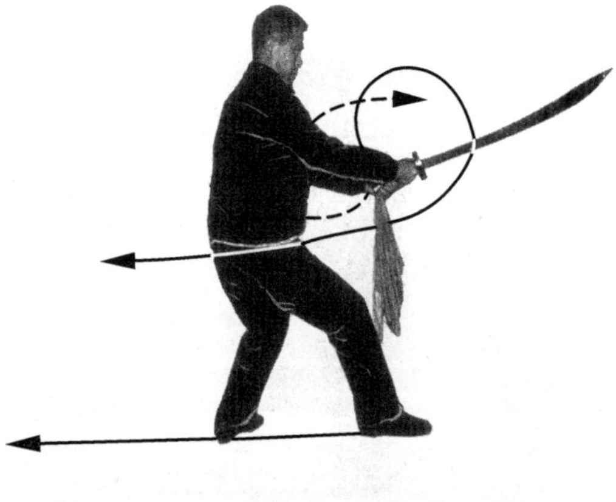

圖9-36

圖9-37

圖9-38

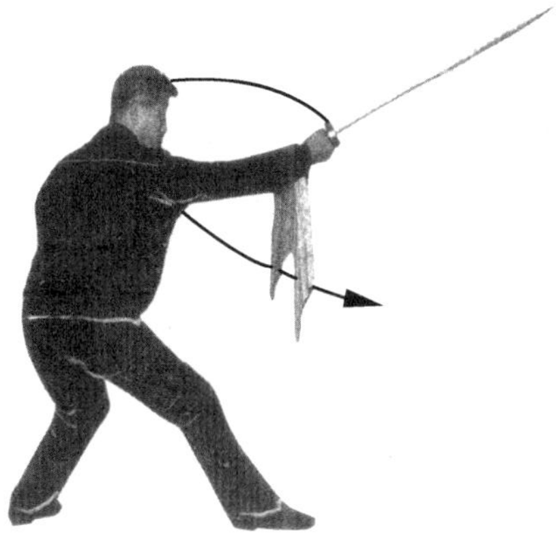

圖9-39

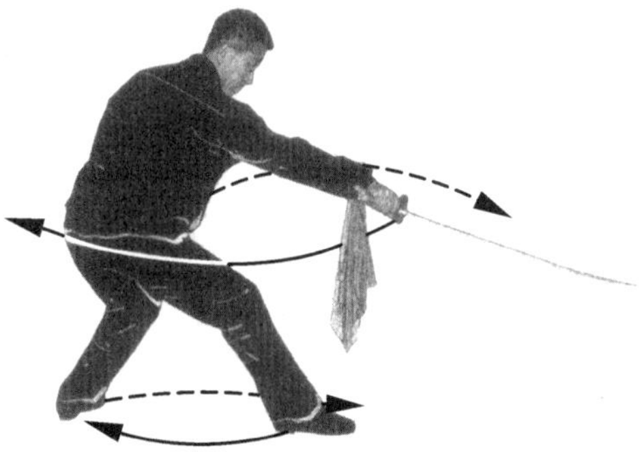

圖9-40

圖9-41

圖9-42

圖9-43

圖9-44

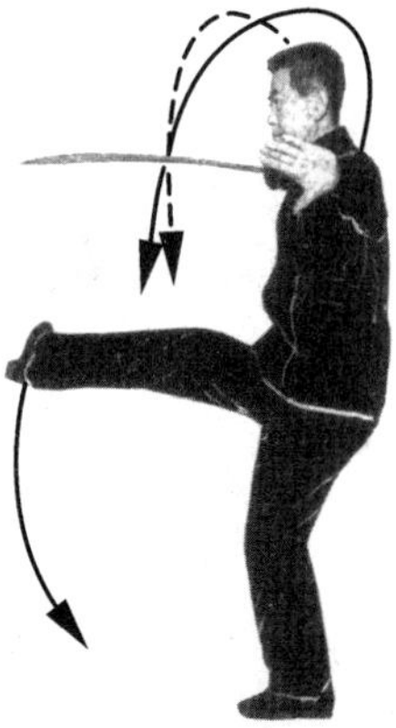

圖9-45

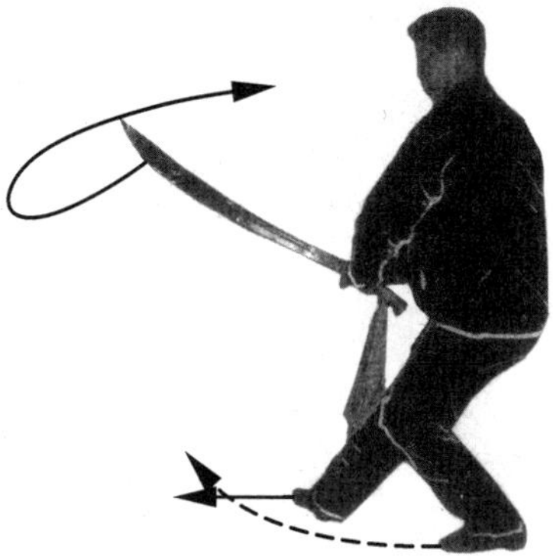

圖9-46

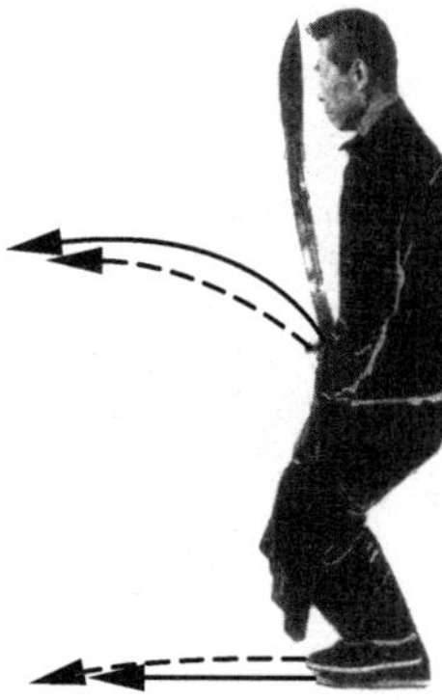

圖9-47

圖9-48

圖9-49

圖9-50

圖9-51

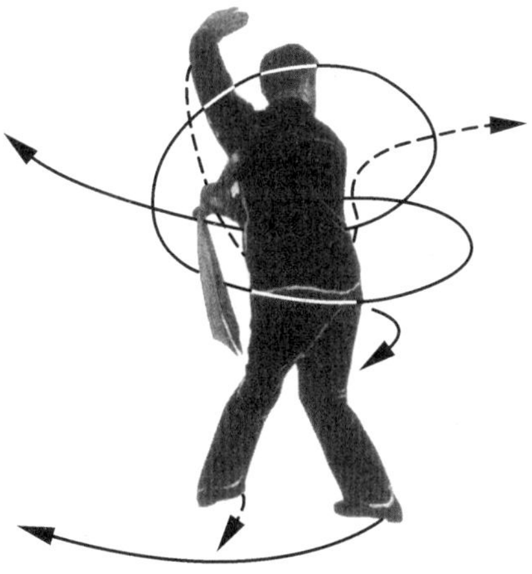

圖9-52

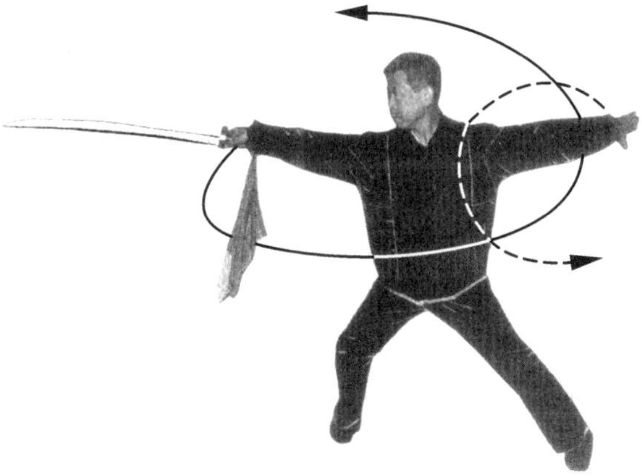

圖9-53

圖9-54

圖9-55

圖9-56

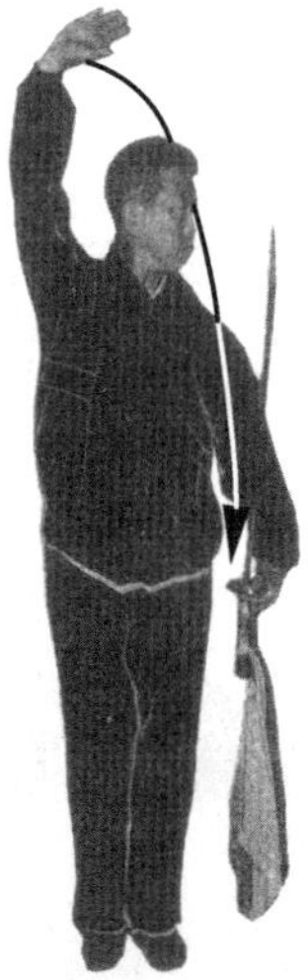

圖9-57

圖9-58

形意連環劍

形意連環劍的動作名稱

一、預備式
二、三體式接劍
三、點步撥抽
四、進步崩劍
五、退步反崩劍
六、斜進步劈劍
七、退步攪劍
八、提膝刺劍
九、回身抽劍
十、進步刺劍
十一、翻身提膝劈劍
十二、進步炮劍
十三、掛劍退步反劍
十四、進步鑽劍
十五、進步蹬腳反刺劍(狸猫上樹劍)
十六、進步崩劍
十七、撤步擰身反劈劍
十八、轉身雲劈劍
十九、退步轉身推劍
二十、轉身上雲下斬劍
二十一、倒步橫拍掌
二十二、進步刺劍
二十三、回身蹬脚斬劈劍(狸猫倒上樹劍)
二十四、進步崩劍
二十五、擺扣步轉身掃劍
二十六、收式

形意連環劍的動作説明

一、預備式

兩脚成立正姿勢,沉肩、墜肘、頭頂、下頦微收、齒扣舌頂、氣沉丹田,周身放鬆目視前方;兩臂自然下垂、肘不貼身;左手以拇指、小指、無名指和中指攏握護手,伸直食指以抵住劍柄,劍身貼左小臂之後側;右手成劍訣手心朝後(圖 10-1)。

二、三體式接劍

1. 右腿向前邁出一步成右弓步;同時,右手訣由身右側上舉平肩,手心朝前;左手同時持劍向左側上舉平肩,手心朝後;目視右方(圖 10-2)。

要領：

右脚前邁與兩臂左右平舉同動同停。

2. 上動不停，左脚向右脚左側邁出一步，右脚尖裏扣成樁步，重心在右腿；同時，兩手由兩側屈小臂向胸前并攏，使持劍手位於心口，手心向外；右手訣按於劍柄，手心向裏；目視左方(圖 10－3)；隨即右手接劍，左手變訣、準備下動。

要領：

屈小臂回收與左脚落地要協調一致；眼神亦要同時由右轉視左劍前方，甩頭要迅速，目光敏銳。

三、點步撥抽(停身蔽劍)

接劍後，左手劍訣按於右手脈門，重心前移，右手將劍刺出，隨即將劍向右、向下抹撥回抽，停於胯右側；左手訣亦於刺劍後向左擺臂回收，停於胯左側；同時重心後移，左脚後撤半步，脚尖點地；右腿伸直；目視前方(圖 10－4)。

要領：

(1) 刺劍時，劍高與胸平；刺、抹、撥劍的動作要連貫，力達劍身。

(2) 後撤左脚與抹劍、分手收腰動作要協調一致；此時劍面朝上，斜藏身旁，故曰“蔽劍”。

四、進步崩劍

1. 兩手伸出在身前相遇，雙手握劍向身前直刺；同時，左腿向前趟進一大步，右腿隨之跟進提起成右提步(圖 10－5)；動作不停，迅速撤回兩臂，兩手搓把(左推右拉)向上挑腕立劍回掛，將劍柄收於右腹前，兩手、兩小臂緊貼身，劍身略斜立於右肩前；同時右腿趟出，左腿隨之跟進提起成左提步(圖 10－6)。

2. 動作不停，左脚向前趟進一大步，右脚隨之跟進半步成崩拳步；同時雙手握劍搓把向前推、錯、崩出，劍立刃，高與胸齊；目視劍前方(圖 10－7)。

要領：

(1) 雙把刺劍時，要手脚齊到，力達劍尖。

(2) 立劍回掛，與左提步，要上下相合，束而爲一。

(3) 崩劍時，劍身内含推、錯、劈、刺之勁；要借前趟、後蹬之力以發腰勁，使劍出迅猛而又剛實。

五、退步反崩劍

1. 左手變訣向下向裏回拉,貼心口再向前指出;同時,右手劍由身前向下、向後拉回,收於右胯旁;右腿同時後撤一大步成左弓步(過渡步型);目視前方(圖 10-8)。

2. 動作不停,重心後移,左脚隨之後撤,提起靠於右脚裏側成左提步;右手劍向後、向上提起(劍尖始終朝前)置於頭上右側;左手訣腕微下沉;目視前方(圖 10-9)。

3. 動作不停,腰左擰右手劍借慣性向前反刺,高與頭平,手心朝外;同時,左手訣由身前回收,靠於右臂肘窩裏下側;重心同時後移,左脚向右脚後裏側跐落;目視劍前方(圖 10-10、10-10 背面)。

要領:

(1) 退步拉劍與劍訣前指,劍身與訣指在身前往來應交錯分開在兩條平行綫上。

(2) 左脚向後跐落與右手劍反崩要發腰勁,身械協調。

(3) 從退步拉劍到左脚跐落反崩是連貫動作,既要按分解要求到位,又要完整一氣、靈活剛實。

六、斜進步劈劍

1. 右手劍貼身左側下掛,向後、向上提至頭左側,左手訣向下、向裏下沉;同時,左脚經右脚裏側向右斜前方進步,右脚隨即跟進提起靠於左脚裏側成右提步;目視右前方(圖 10-11)。

2. 上動不停,右脚斜前方趟進一大步,左脚隨即跟進成樁步;同時,右手劍繼續向下、向後、向上、向前掄掛劈出;左手訣同時向下、向後、向上擺起,至頭上左側,甩腕亮訣指尖向前;目視劍尖(圖 10-12)。

要領:

(1) 左掛劍上步,要掩身以進,提步爲了磨脛蓄力。

(2) 後蹬、前趟、擺臂、掄劈,要發腰力,身械協調、快速、完整。

七、退步攪劍

右小臂及腕向外翻轉使劍經左向上向右絞,壓拉回腹前,使右小臂貼於腹右側,劍尖高與腰平,左手訣同時經體前下落按右手脈門;攪劍時撤左脚;往回拉劍時,縮身再撤右脚,靠於左脚裏側;目視劍前方(圖 10-13)。

要領:

(1) 攪劍、撤步要身械協調,上下一體。

(2) 攪劍時,劍尖畫一立圓,勁在劍身前端;邊拉邊壓,力在劍身下面。

八、提膝刺劍

右脚向前邁進一大步,脚横落,左脚隨即跟進提膝;同時,左手訣按於劍柄配合右手劍展腰向斜上方探身刺出,劍平刃、劍尖高不過頭;目視劍尖(圖 10-14)。

要領:

(1) 進步、提膝、刺劍要上下一體,同時完成。

(2) 要探身、擰腰,使力達劍尖。

九、回身抽劍

左轉身回頭,右手劍翻腕柄在前,由上向前、向下、向後抽落於右胯側;同時,左訣貼身由下向左前方指出;左脚同時隨左轉身向左前方邁出一步,右脚跟外擰成椿步;目視劍訣(圖 10-15)。

要領:

抽劍回身、落步出訣、完整和諧。

十、進步刺劍

1. 左脚向前墊進一步,右脚隨即跟進提起靠於左脚裏側成右提步;同時,左手訣由右向下、向左上畫弧,停於頭前、高不過眼;目視前方(圖 10-16)。

2. 重心前移、右手劍向外翻腕向前刺出,手心朝上,劍刺咽喉;同時,左手向右、向下弧形下落於右小臂中節;右脚同時前邁,扣脚尖落步,重心在左脚;目視劍尖(圖 10-17)。

要領:

繞訣、提步要上下相隨;落脚刺劍要借向左擰腰之力,手脚齊到,力貫劍尖。

十一、翻身提膝劈劍

左轉體回身,劍經頭右側向胸前劈出;左手訣貼身前向下、向前、向上翻腕亮訣於頭左側上方,手心朝上;同時,擰身,重心移至右腿,屈膝提起左腿成獨立式;目視劍尖(圖 10-18)。

要領:

劈劍、亮訣、提膝要上下合一;探身裹膝劈劍,力達前端,有推、錯的劈勁。

十二、進步炮劍

1. 上體向左擰轉,右手劍向外翻腕上掛至頭部左前方;同時,左手訣下落附於右手脈門;左腳同時向前方落步;目視前方(圖 10－19)。

2. 動作不停,右腳由左腳裏側向前趟進一大步,左腳隨即跟進半步成炮拳步;同時,右手劍從身左側,由後向下、向前炮出;左手配合右手,附於右小臂裏側;劍身成立刃,劍尖稍低;目視劍前方(圖 10－20)。

要領:

(1) 上掛按進步炮劍,應連貫一氣,借腰發勁,劍、步齊到。

(2) 劍身與右腿上下相對,力貫劍前半部,內含有推、錯、撩的勁。

十三、掛劍退步反崩劍

1. 左腳後撤一大步成右弓步;同時,右手劍由前向下經身體左側向後上、向前掛一周落於身前;目視劍前方(圖 10－21)。

2. 動作不停,右腳亦後撤一步成左弓步;同時,右手劍在身體右側向下、向後上、向前掛一周後拉至右胯旁;左手訣同時自胸前向前指出;目視前方(圖 10－22)。

3. 重心後移,左腳提起撤至右腳裏側成左提步;同時,右手劍向身體右側後拉;目視前方(圖 10－23)。

4. 重心後移,左腳向右腳後方跳落成退步崩拳步;同時,右手劍繼續向上、向前從頭右側向前反崩出,手心向外,高與眉齊;左手訣由前向下、向裏、向上按於右肘窩裏下側;目視劍前方(圖 10－24)。

要領:

(1) 左、右退步掛劍要利用旋腕、小臂助力,步、劍協調靈活自然。

(2) 提步拉劍是蓄力待發;要借向後跳落反蹬和向左擰腰之勁,使力貫劍端,反崩迅猛而剛實。

十四、進步鑽劍

右腳墊進一步,左腳隨即貼右腳裏側向前趟進一大步,右腳隨之跟進半步成樁步;同時,上體微右擰,使右手劍回拉經身前向外翻轉,再借上體向左擰腰之勁,向上、向前鑽出,手心朝上;左手訣同時向下、向左、向上擺至頭上左側,甩腕亮訣;目視劍前方(圖 10－25)。

要領:

(1) 鑽劍的回拉與前鑽,要充分發揮腰部先右後左的擰轉之力以發勁。

(2) 進步鑽劍與左腳落地,要劍、步齊到,力貫劍端。

十五、進步蹬腳反刺劍(狸猫上樹劍)

1. 重心前移,左腳向前墊進一大步向右擰腰,右腳隨即屈腿腳尖外展,探脚跟向前迅猛蹬出,高不過胯;同時,右手劍向裏翻轉,向下經體右側向身後拉回,手心向下;左手訣同時向下經左胸向前指出,手心向下,手高平胸;目視前方(圖 10-26)。

2. 重心前移,右脚外擺脚尖向前踩落,左脚隨即跟進半步;同時向左擰腰,同時右手劍屈臂上舉,從頭右側向前反刺,手心朝外;左手訣向右按於右臂肘窩裏下側;目視劍前方(圖 10-27)。

要領:

(1) 拉劍、出訣與蹬脚要上下相隨左右相稱;并借向右擰腰蓄力。

(2) 右脚踩落,反刺要借左脚蹬力進身,劍、步齊到,左擰腰以發勁,以求力貫劍端。

(3) 左脚跟進之半步,必須使左膝緊靠於右膝窩裏側,以求根固力實。

十六、進步崩劍

1. 上體左擰,右手劍向外翻腕劍身下壓至腹前;右脚擰正、重心開始前移;目視劍尖(圖 10-28)。

2. 進身蹬左脚,使右脚前墊一大步,左脚隨即跟進提起靠於右脚裏側成左提步;同時,左手握劍柄,雙手持劍搓把向上、向回挑掛至右肩前,使兩手貼於右腹,兩肘貼肋;目視前方(圖 10-29)。

3. 進身蹬右脚,使左脚向前趟進一大步,右脚隨即跟進半步成崩拳步;同時,雙手搓把合力將劍向前崩出,内含推、錯、劈刺之勁;目視劍前方(圖 10-30)。

要領:

(1) 雙手持劍向回挑掛與落右脚提步,要上下相隨,完整一力。

(2) 崩出之劍要借後蹬前趟之勁以發腰力,使劍出迅猛有力。

(3) 由進步鑽劍、狸猫上樹到進步崩劍,猶如連環拳的“一馬三箭”,要一氣呵成,迅猛連貫。

十七、撤步擰身反劈劍

1. 左轉身,左脚經右脚裏側向左後方撤一步,擰身轉右足跟成左弓步;同時,左手訣由身前向下、向左、向上擺臂;右手劍向裏翻腕下沉,手心朝後;目視右方(圖 10-31)。

2. 動作不停,右脚經左脚裏側向左前方上步,右手劍由身前從下向左上、向右掄掛反劈,劍高平胸;同時,左手訣向下經胸前向右、向上擺起至頭上左側甩腕亮訣,手心向前;目視劈劍(圖 10-32)。

要領：

掛劍、反劈要借撤步擰腰之勁，做到步落劍出；劍要與亮訣，左右協調一致。

十八、轉身雲劈劍

1. 身左轉，右脚裏扣；右手劍借轉身屈臂回拉，右手停於左肋前，劍橫於胸前，劍尖向右；同時，左手訣下落回收按於劍柄上；目視劍尖（圖10－33）。

2. 向左轉身，左脚尖外擺，右脚貼左脚裏側前進一步成樁步；同時，右手劍向左上、向右前雲劍斜向劈出，劍尖高不過肩；左手於右手劍前劈時握劍柄以助力（圖 10－34）。

要領：

（1）雲、劈劍要借轉體腰力及上步慣性，劍、步齊到，一氣呵成。

（2）轉體、雲劍時，目視劍前端，上雲時力達上刃，有截擊之意，下劈時力達下刀，身、械協調、完整一力。

十九、退步轉身推劍

1. 右轉身，左手訣按脈門，右手劍向外旋腕使劍在體右向下、向後、向上前掛一周；右脚經左脚裏側向後撤一步成左弓步；目視前方（圖10－35）。

2. 動作不停，以脚跟作軸身體右轉回身，隨即左脚跟進提起靠於右脚裏側成左提步；同時，右手劍隨轉身拉至胸前，劍平，離胸兩拳之隔，手心朝下；左手訣按右腕裏側；目視前方（圖 10－36）。

3. 左脚向前趟進一大步，右脚隨即跟進半步成樁步；同時，右手劍用前下刃向前推出，劍平，高不過肩；目視前方（圖 10－37）。

要領：

拉劍回身借慣性上步；推劍着意點在劍身的後半部，要發腰力。

二十、轉身上雲下斬劍

1. 體右轉，左脚尖裏扣；左手變掌向裏旋腕，按於左膝上，虎口朝裏；右手劍向外旋腕回收在胸前斜握，劍尖朝左，高與肩平；目視劍端（圖 10－38）。

2. 上動不停，向右擰身，右脚尖微向右展；同時，右手劍向右、向前上雲；目視劍端（圖 10－39）。

3. 上動不停，右手劍繼續向左、向裏、向下前斜斬出；右脚擺正成樁步；目視劍端（圖 10－40）。

要領：

(1) 扣脚旋腕持劍是蓄力待發。

(2) 旋腰雲劍，使力貫劍前半部；整個上雲下斬要借腰力一氣呵成。

二十一、倒步横拍掌

左脚前邁至右脚裏側，右脚隨即倒回撤至左脚原來位置成椿步；同時，右手劍借倒步擰身迅即回拉至身右側後方，手心向裏；左掌同時亦借倒步擰身之勢由身左側向右横拍，掌心向右，高與心齊；目視手前方(圖 10－41)。

要領：

(1) 倒步要快，與横拍齊到，要借腰力；左手、左脚前出和右劍、右脚回拉要左右配和諧調一體。

(2) 此招是上式斜斬落空，對方的槍或刀向我胸前扎來，回劍不及的特殊顧法。

二十二、進步刺劍

1. 左脚前墊一步，右脚隨之跟進提起成右提步；同時，左手變訣向裏旋腕向左、向上於頭前亮訣；右手劍不動，手心轉向下；目視前方(圖 10－42)。

2. 上動不停，右脚向前趟進一大步，左脚隨之跟進半步成椿步；同時，右手劍貼身右側，借向左擰腰向外旋腕發勁，將劍刺出，劍刃立，高平胸；左手訣同時下落按於右手脈門處；目視劍前方(圖 10－43)。

要領：

(1) 擺訣上步要輕快協調；蓄力待發。

(2) 趟進落步與刺劍動作要完整一致。

(3) 刺劍要借抖腰發勁，動作迅猛剛實。

二十三、回身蹬脚斬劈劍(狸猫倒上樹劍)

1. 右脚尖裏扣，重心移至右腿，左轉身回頭，左脚提起外擺脚尖落地；同時，右手劍向外翻轉使劍柄在前，經頭右側將劍劈至身前，劍尖斜朝上，高不過肩；左手訣同時向下、向左、向上、向裏畫弧落於右手脈門上側，目視前方(圖 10－44)。

2. 動作不停，重心前移左脚，右脚貼左脚裏側，脚尖外展，探脚跟蹬出，高不過胯，兩腿皆微屈；同時，右手劍由胸前向右横斬，高與肩平；左手訣同時向左平擺，手心向左，亦高與肩平；目視前方(圖 10－45)。

3. 上動不停，重心前移，右腿微屈前踩落地，脚尖仍外擺；左脚隨即跟進半步成退步崩拳步；同時，身向右擰，右手劍向上、向前從頭右側向前，劍尖朝左前方斜向劈落，劍身在體前斜掩上體，劍尖高不過肩；左手訣同時亦向上、向前經體前下落，按於右手脈門上側；目視前方（圖10－46）。

要領：

（1）扣步回身劈劍，要身械協調，靈活自然。

（2）分訣，橫斬與蹬脚要左右和諧，上下齊力。

（3）踩落右脚與劈劍要借蹬脚擰腰之力，劍、步齊落。

到此前半趟練完，如回頭接練後半趟，仍墊前脚成左提步，同時雙手執劍立劍回掛，接做趟進左脚，跟進右脚，練進步崩劍（圖10－47）。退步反崩劍等與上述動作完全相同，只是方向相反。

按原方向前練到頭再練"狸猫倒上樹劍"回頭，欲收式應先練：

二十四、進步崩劍

進步崩劍與"四、進步崩劍"動作、要領和方向完全相同（圖10－48）。練完此進步崩劍即可做如下收式過渡動作：

二十五、擺、扣步轉身掃劍

1. 左脚貼右脚裏側後退一步成右弓步；同時，左手訣落於右手脈門；右手劍在身體左側向下後、向上前掛一周；目視前劍（圖10－49）。

2. 動作不停，右脚貼左脚裏側後退一步成左弓步；同時，右手劍在身體右側向下後、向上前掛一周；目視前劍（圖10－50）。

3. 身體右轉，扣左脚尖，向右側上步外擺右脚尖；同時，借右轉身擺步之勢，右手劍向內旋腕，手心朝外、劍成立刃，劍身面貼於左小臂外側向胸前回拉；左手訣手心同時朝外按於右腕背側；目視左方（圖10－51）。

4. 上動不停，繼續向右轉身，使左脚貼右脚裏側向左前方扣步，與右脚成內八字形；訣劍不動；目視左側（圖10－52）。

5. 上動不停，繼續向右轉身，右脚從左脚後側向左擺進一步，脚尖向右擺正；同時，左脚以脚跟爲軸向裏扣脚尖成右弓步；右手劍同時借右轉身擺步之勢，舒開右臂向外翻腕手心向上、向右方橫掃，劍鋒稍高於肩；左手訣於向右掃劍時向左擺開，手心向外，劍指朝前，高與肩平；目視劍端（圖10－53）。

要領：

（1）左右退步掛劍，要活腕，身、械一致。

（2）擺、扣步帶劍轉身要輕鬆自然，如行雲流水。

（3）後擺右脚落步横掃劍要借腰力，步、劍齊到；此劍之發勁正與一般劍法的横崩劍相似，要振臂抖腕發爆發勁，要求脆快、剛實。

二十六、收式

1. 右手劍在身前向下左、向上右掛一周後，手心向上、向身前、向左横掃；同時，左小臂於身左側，高與肩平，手心向左；右手劍接近左手時，即向裏翻腕，手心向外將護手貼於左手，劍面成立刃貼於左小臂外側；當向左横掃時腰亦左轉，重心亦左移、右脚尖亦左扣成左弓的横襠步；目視左方（圖 10－54）。

2. 重心右移、左脚撤至右脚裏側成并步；同時，左手持劍下垂落於左胯旁；右手變訣向外旋臂經體前向右上擺起至頭右側上方，甩腕亮訣，指尖向左；同時轉頭立直雙腿（圖 10－55）；隨即左脚後撤一步，右脚隨之亦後撤兩脚并齊；右手訣同時下落於右胯旁；目視前方（圖 10－56）。

要領：

要求周身動作協調，眼神與動作一致，要安穩、自然。

形意連環劍的動作圖解

圖10-1

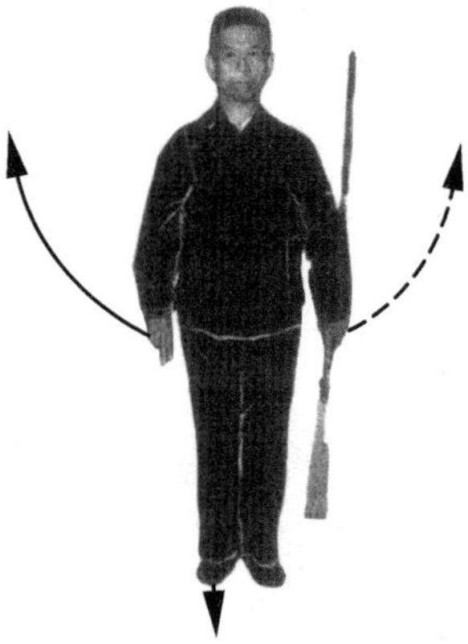

圖10-2

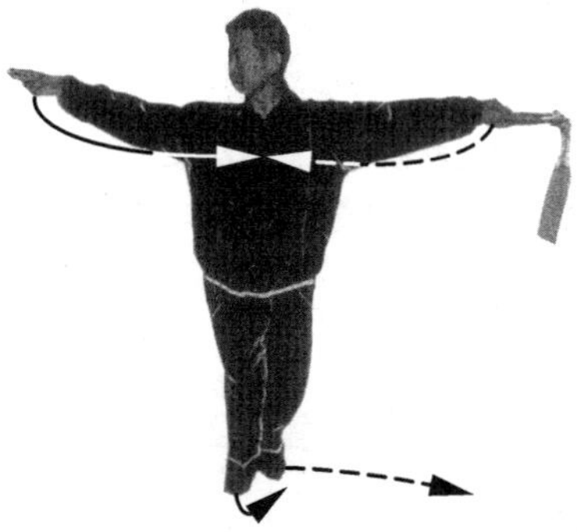

圖10-3

圖10-4

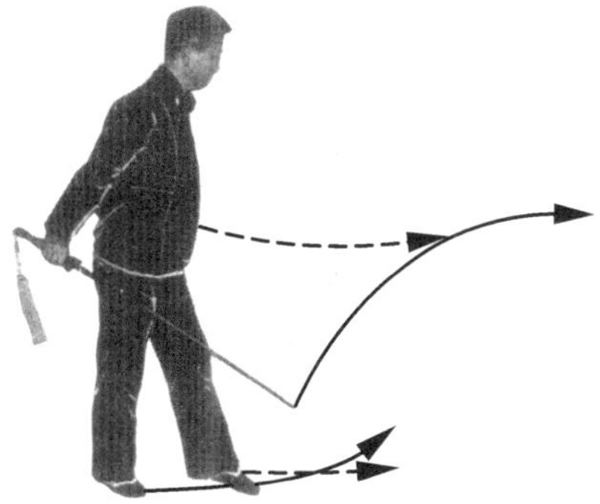

圖10-5

圖10-6

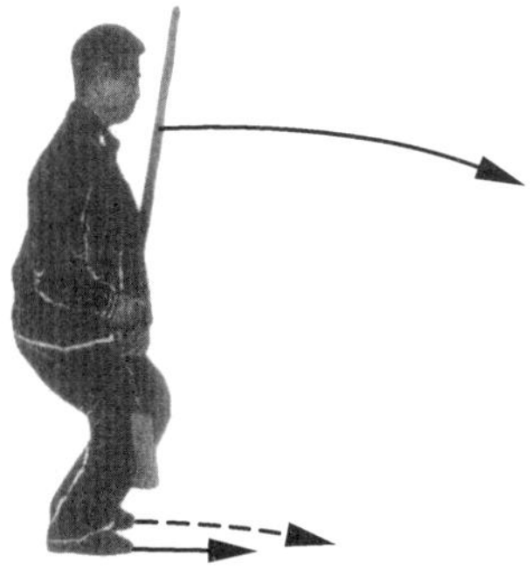

圖10-7

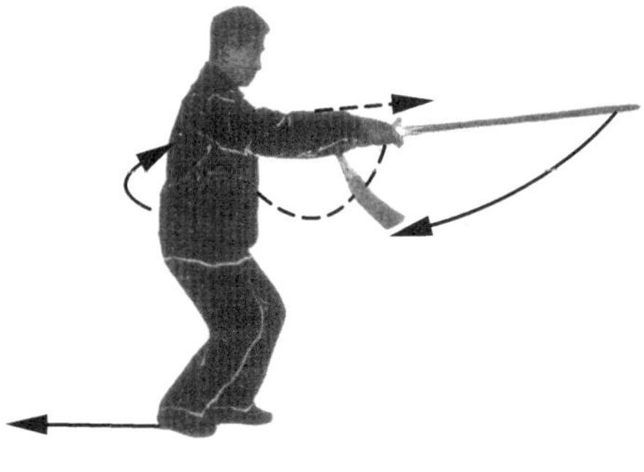

圖10-8

圖10-9

圖10-10

圖10-10背面

圖10-11

圖10-12

圖10-13

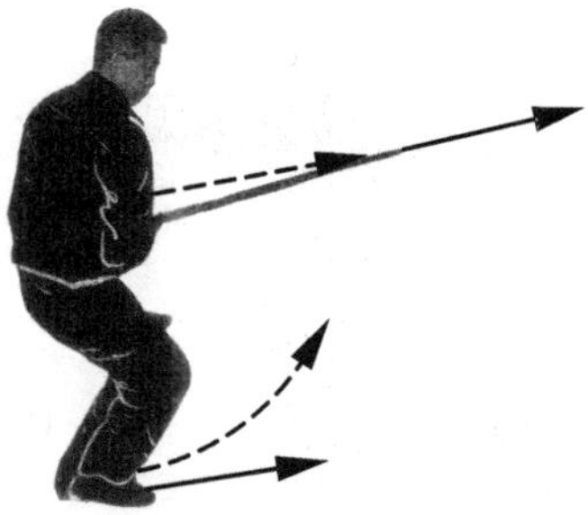

圖10-14

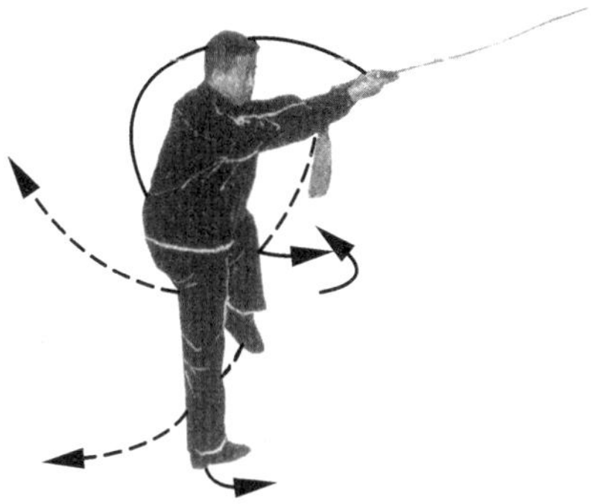

圖10-15

圖10-16

圖10-17

圖10-18

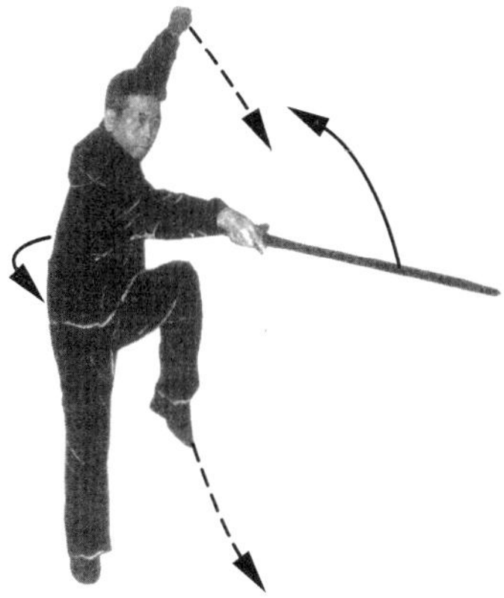

圖10-19

圖10-20

圖10-21

圖10-22

圖10-23

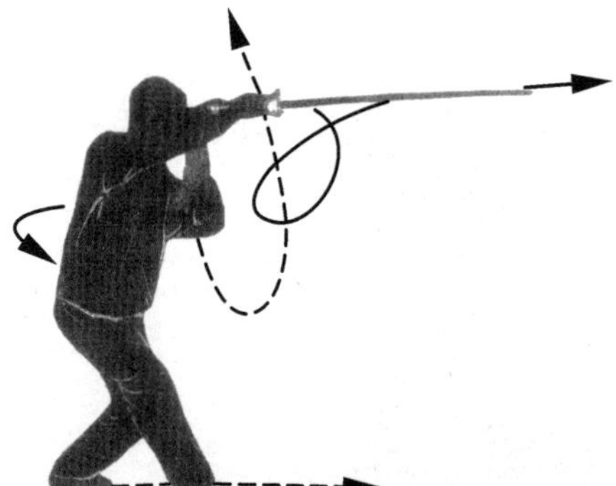

圖10-24

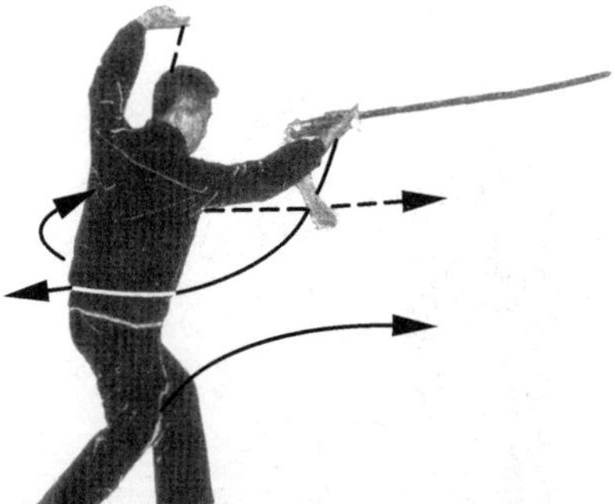

圖10-25

圖10-26

圖10-27

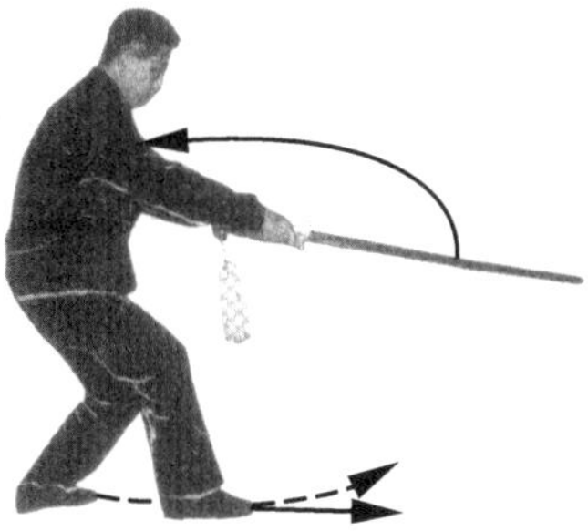
圖10-28

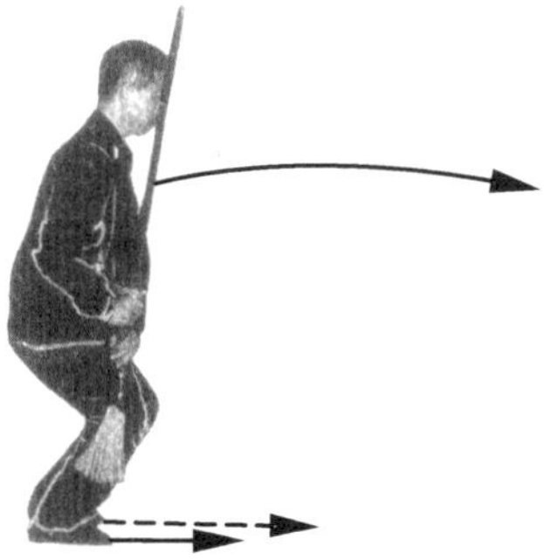
圖10-29

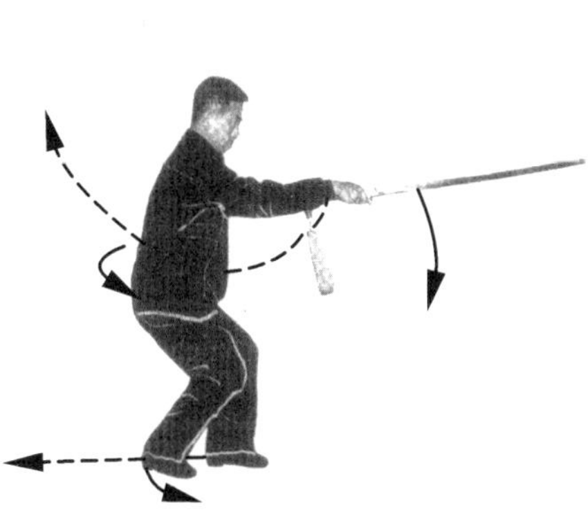
圖10-30

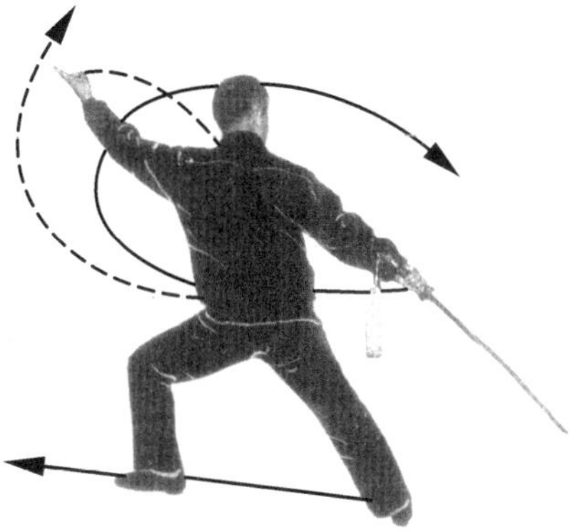
圖10-31

圖10-32

圖10-33

圖10-34

圖10-35

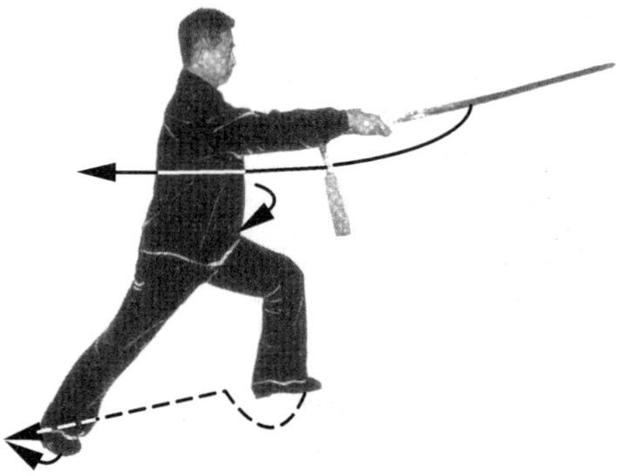

圖10-36

圖10-37

圖10-38

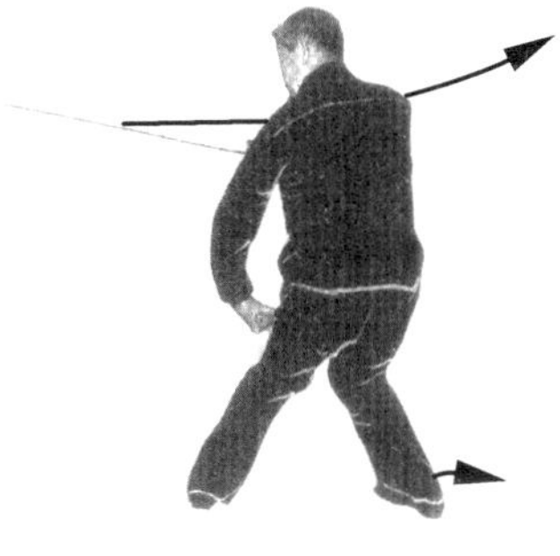

圖10-39

圖10-40

圖10-41

圖10-42

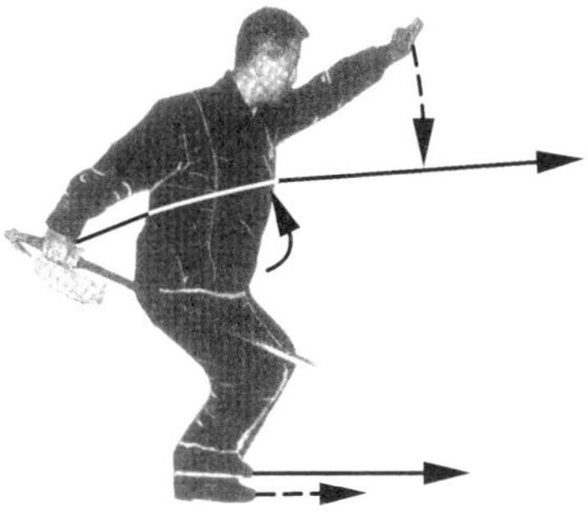

圖10-43

圖10-44

圖10-45

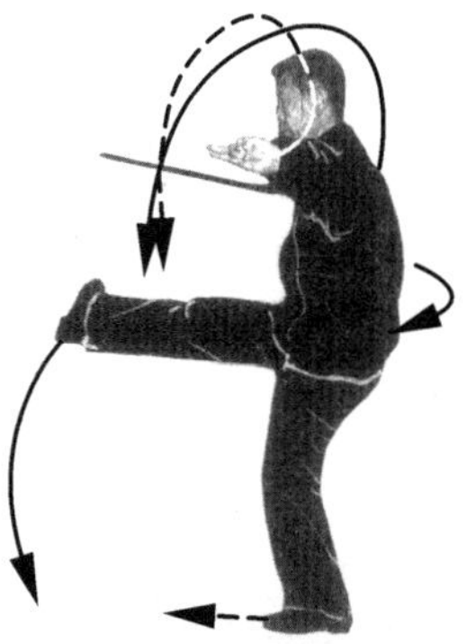

圖10-46

圖10-47

圖10-48

圖10-49

圖10-50

圖10-51

圖10-52

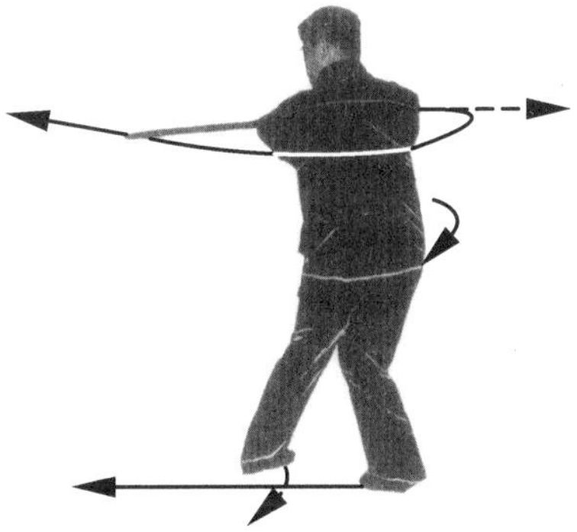

圖10-53

圖10-54

圖10-55

圖10-56

形意連環棍

形意連環棍的動作名稱

一、預備式
二、起式
三、進步崩棍
四、退步崩棍
五、斜進步劈棍
六、撤步絞棍
七、提膝戳棍
八、翻身提膝劈棍
九、進步炮棍
十、退步提膝掄掛棍
十一、上步鑽棍
十二、進步蹬脚掛劈棍（狸猫上樹棍）
十三、進步崩棍
十四、回身蹬脚掛劈棍（狸猫倒上樹）
十五、轉身雲劈棍（摇轉劈棍）
十六、進步提膝撥提棍（烏龍攪水）
十七、落步拗把前劈
十八、進步崩棍
十九、回身蹬脚掛劈棍（狸猫倒上樹）
二十、進步崩棍
二十一、收式之一（撤步舞花上架）
二十二、收式之二

形意連環棍的動作説明

一、預備式

身體正直,兩脚成立正姿勢,頭頂,下頦微收,齒扣舌頂,沉肩墜肘,氣沉丹田,周身自然放鬆;目向前平視;左手持棍立於左脚斜前方,右手五指并攏,自然垂於身右胯旁(圖 11－1)。

二、起式

右掌向外翻轉(手心向上),由體右側直臂上舉,繼而在頭前向左、向下落於左胸外側成立掌,掌心向左;眼隨手動,最後注視左前方(圖 11－2)。

三、進步崩棍

1. 身體向左轉,左腳尖外展向左前方;同時,右手(手心向裏)在左手上方握棍;動作不停,右腳用腳掌裏側向前將棍踢起,右手握棍屈臂回拉至右肩前,左手舒臂下捋靠近棍下端;目視前方(圖 11-3)。

2. 動作不停,右腳向左腳前方落地;隨即左腳向前方趟進一大步,右腳隨即跟進成崩拳步;同時,左手握把後拉至身體左側腰前,小臂及棍端皆緊靠腰之左側;右手同時捋把向前用力將棍崩出;棍打平時則握把發勁,與左棍的指向與左腿的前進方向相同;目視前方(圖 11-4)。

要領:

(1) 崩出之棍要借後蹬前趟之勁,與左腳落地要勁整動齊,順腰發勁如崩拳勁意。

(2) 左手握實,右手先捋把到點亦變實,兩把相反相撐,配合一力,內涵要有推、錯、戳打的勁。

四、退步崩棍

1. 身體右轉,右腳向後方撤一大步成左弓步;同時,左手握棍由上向前蓋把;右手同時舒臂捋棍經身體右側向後掛,右手貼至右肋;目視前方(圖 11-5)。

2. 動作不停,上體左擰,左腳貼右腳裏側向後方跐落成退步崩拳步;左手握把由下拉至右腋下,手及小臂和棍皆緊夾於右腋下;右手捋棍由上向前崩出;棍身平,棍的指向與右腿的前進方向相同;目視前方(圖 11-6)。

要領:

(1) 要借左腳跐落反蹬之勁以增大退步崩棍之力,勁意如退步崩拳以發揮"進也打,退也打"的發勁之威。

(2) 右腋夾棍以增棍出剛實有力;借擰腰之力兩把相反相成,使力達棍端可不借悠勢而能力猛。

五、斜進步劈棍

左腳經右腳前,向右前方斜上一步;右手握棍掩上步之左腿由前向下、向後、向上、向前掄掛劈出;同時,左把配合由右臂下向上、向前撥棍後拉落於腰之左側,左手握棍端緊夾於左小臂之內;當掛棍劈出時,右腳沿左腳裏側向前趟進一大步,左腳隨即跟進半步成樁步;棍前端高與肩齊,棍的指向與右腿的前進方向相同;目視棍前方(圖 11-7)。

要領:

(1) 掛棍掩腿斜行進步是顧中之打,要與掛劈棍動作協調。

（2）劈棍與右脚落地，要上下相隨，勁力剛實完整如劈拳，力達棍的前端。

六、撤步絞棍

左脚先後撤半步，右脚隨即回收至左脚裏側，脚尖向前；同時，左手握把由外向上卷腕向身後回拉，右手握棍由左向上、向右、向外翻腕絞棍回拉至右胸前；雙手合力邊絞邊拉，棍尖高與眉齊；目視棍前方（圖 11-8）。

要領：

（1）撤步與絞棍動作要一致，既邊絞邊拉，又要棍端絞中有崩。

（2）左手卷腕回拉是助長右手向外翻腕絞崩的合力，必須左右配合，借用腰力。

七、提膝戳棍

右脚向右前方上步，左脚隨即屈膝提起成獨立式；同時，右手向裏擰握抖腰前戳，左手向外擰把前推，雙手合力擰棍戳出，棍高平肩；目視棍前方（圖 11－9）。

要領：

（1）要借抖腰以發力，要借螺旋勁的擰戳以求重。

（2）提膝與戳棍要動作一致。

八、翻身提膝劈棍

1. 身體左轉，左脚向左前方後撤一大步成左弓步；左手握把向左上方回拉，右手捋棍翻腕下壓；目視右下方（圖 11－10）。

2. 動作不停，右脚向左脚前方扣步，身體由左向後翻身，左脚隨即屈膝提起；同時，左手握棍繼續向上揚臂翻身向左腰間回拉；右手則捋棍經頭側右上方向前掄劈，棍梢高與眉平；目視棍端（圖 11－11）。

要領：

（1）撤步翻身動作要快，提膝劈棍發勁要猛。

（2）劈棍要借翻身旋腰之力；提膝獨立要借扣膝裹合之穩。

九、進步炮棍

左脚向前落步；右手握棍上捋，使棍前端沿身體左側向後掛；同時，右手沿棍向下捋，左手則順勢向上捋，兩手倒把；動作不停，右脚向前方趟進一大步，左脚隨即跟進半步成炮拳步；右手同時握把向前擰把向頭上撐；左手則捋棍向上、向前推戳，棍尖高與肩平；目視棍前方（圖 11－12）。

要領:

(1) 倒把棍需要單獨操練,在套路中兩手倒把要熟練、迅速。

(2) 炮棍的右手擰把向側上支撐,左手向前推戳之打與炮拳勁意相同,打出之棍兩把配合,力量要猛、棍步齊到。

十、退步提膝掄掛棍

1. 身左轉,左脚後退一大步成右弓步;同時,左手捋棍使前端貼身體左側由下向後、向上、向前掛棍;同時,右手配合翻手下落於胸前倒把落於身前;而左手捋把拉棍後撤於左胯前,棍前高後低;目視前方(圖11-13)。

2. 動作不停、身體右轉,右脚後退成左弓步;同時,右手握棍掩右腿撤步下落,在身體右側向後掛;左手則同時揚把從身體左側向前蓋推以助力;目視前方(圖11-14)。

3. 動作不停,重心移至右脚,左脚屈膝提起成獨立姿勢;同時,右手握棍繼續後掛向上、向前沿身體左側由下向後掛棍;左手同時捋把配合右手由前向下在身體右側向後、向上行至右腋前;目視左下方(圖11-15)。

4. 動作不停,右手握棍在身體左側向上運行,經體前向右下落至右腿前方;左手握把在身體左側向下、向後向上運行至身體左側前上方;目視右前下方(圖11-16)。

要領:

(1) 左、右退步掛棍是顧法,必須棍掩步行,身械協調。

(2) 提膝左掛要借擰腰舒臂之力,做到快速、靈活。

十一、上步鑽棍

上動不停,左脚向前趟進一大步,右脚隨即跟進半步成炮拳步;右手握棍向外擰腕向上、向前推戳鑽出,前端高不過肩;左手握棍向裏擰腕向上、向前撐把,助棍端推戳前鑽之力,棍後端略與頭平;目視棍前方(圖11-17)。

要領:

(1) 鑽棍與左脚的趟進踩落,要棍、步齊到,鑽出之棍要有推、錯、鑽、戳之勁;棍前端與左脚要上下相對。

(2) 此式與前動退步提膝掄掛是一氣呵成的連貫動作,練時要左右翻飛,進退一體。

十二、進步蹬脚掛劈棍(狸猫上樹棍)

1. 重心前移，左脚向前墊一步，右脚屈膝向前蹬出；同時，右手捋棍向身體右側由下向後掛撥，手靠於腰；左把則借力由上向前蓋出，力貫棍端；目視棍前方（圖 11－18）。

2. 上動不停，右脚向前踩落（脚尖外展），左脚跟進半步；同時，左手握把在身體右側向下、向後撥帶至右腋下；右手捋把由後向上、向前劈出；棍高與胸齊，棍的指向與左腿的前進方向相同；目視棍前方（圖 11－19）。

要領：

（1）蹬脚、蓋棍要上下一力；棍之右掛、左蓋又須相撑相合，并借腰向右擰之力。

（2）踩落、劈棍要迅速、剛實；棍的左把撥帶與右把前劈又要相反相成，混成一力。

十三、進步崩棍

上動不停，左脚向前趟進一大步，右脚隨即跟進成崩拳步；同時，腰向左擰，右手握棍由前經身體左側向後、向上、向前推錯崩出；左手捋把經右臂右側向前，向下回拉至腰左側；左手及棍緊夾於小臂與腰間，棍前端與左脚上下相對；目視棍前方（圖 11－20）。

要領：

（1）從"退步提膝掄掛棍"起到本式如連環拳的"一馬三箭"，應該勢如排山倒海、一氣呵成，練出形意器械特點。

（2）爲便於扣步回身，右脚跟進時，要與左脚距離稍大些。

十四、回身蹬脚掛劈棍（狸猫倒上樹）

1. 左脚尖裹扣，身右轉回身；重心移至左脚，右脚隨即屈膝提起，脚尖外擺、向前蹬出；同時，右手捋把借回身從右肩上向前、向下、向後掛撥至身體右側；左手握把隨回身由上向前蓋出，手心朝下，棍前端與腰平；目視棍前方（圖 11－21）。

2. 上動不停，右脚向前踩落，脚尖外展，左脚隨即跟進半步；同時，上體左擰，右手捋把由上向前劈出；左手握把由下向後掛撥停於右腋下，手握棍要夾緊，棍身平，棍的指向與左腿的前進方向相同；目視棍前方（圖 11－22）。

要領：

（1）回身蓋、掛棍與蹬脚，要借右擰腰之力，上下一力。

（2）右脚踩落與棍的掛劈，要借蹬左脚抖腰，脚落棍到，發揮出周身一體的爆發勁來。

十五、轉身雲劈棍（搖轉劈棍）

1. 左脚經右脚裏側向前向左，脚尖外擺上步，身體左轉；右手握棍，手心朝下隨轉體向左上格；目視左上方（圖 11－23）。

2. 動作不停、身體繼續左轉，右脚向左脚前方扣步，兩脚成内八字；左脚向左後方撤一大步，右脚同時亦撤半步成樁步；隨扣步轉體，右手握棍向左經頭上向右、向前雲劈；左手握把由右經前向左收靠於腰，棍前端高與肩平，棍的指向與右腿的前進方向相同；目視棍前方（圖 11－24）。

要領：

(1) 轉身雲劈要雙手配合，身、械協調。

(2) 擺扣步旋轉要快速靈活，中間不得稍有停頓。

(3) 雲棍要借旋身得力，借劈棍發勁。

十六、進步提膝撥提棍（烏龍攪水）

1. 右脚向前上步成右弓步；同時，上體右擰，左手握把由下向前隨上步前挑；手心朝右，棍前端高與頭平；右手捋把向外翻腕，由上向右、向後靠於右胯旁，臂要夾緊，手要靠實；目視棍前端（圖 11－25）。

2. 動作不停，左脚貼右脚裏側前進一大步，右脚隨即屈膝提起成獨立姿勢；同時，右手捋把從後向前、向上撥提，高平胸；左手握棍同時由前向上、從頭上左側方拉撑，以助右把撥提之力；目視棍前端（圖 11－26）。

要領：

(1) 上步前挑，要擰腰擺臂、身械協調。

(2) 進步撥提獨立要穩，要上下相隨。

(3) 此兩動爲一連續動作，中間不得停頓。

十七、落步拗把前劈

接上動，右脚向前方落步；同時，上體右擰，右手捋把下落經身體右側向後、向上、向前掛劈；左手同時握把向前、向下、向右後緊靠於右腋下；棍高與胸齊；目視棍前方（圖 11－27）。

要領：

本動作是顧中之打，因提膝往上撥提，腰下空虚，對方來襲就勢右掛以破之，落脚翻把劈擊之。故要脚落、棍到，完整一力。

十八、進步崩棍

本式與十三式動作完全相同。在要領上只是單勢發勁，右腳跟進時亦要離左腳稍遠，便於回身（圖 11－28）。

十九、回身蹬腳掛劈棍（狸猫倒上樹）

動作及要領與十四式同（圖 11－29、11－30）。

二十、進步崩棍

與十八式動作、要領完全相同，只是方向相反（圖 11－31）。

至此連環棍傳統套路前半趟練完，亦可就此練收式。如接練後半趟，則再練退步崩棍、斜進步劈棍，與前半趟完全相同，只是方向相反。再練至狸猫倒上樹棍回頭，進步崩棍（圖 11－32）即可做收式動作。

二十一、收式之一（撤步舞花上架）

1. 接進步崩棍，身體向右轉，左腳尖裏扣；右腳後撤，腳尖外擺成擺步；同時，右手捋把隨轉身於身前由下向右、向上、向左掛棍至左肩上，左手同時向上、向前、向下擺至右胯前，雙手配合使棍在身前畫一立圓；目視棍左方（圖 11－33）。

2. 上動不停，身體繼續右後轉，左腳向右腳前扣步，與右腳成内八字步；同時，右手握棍由左向下、向右隨轉身向上、向右掛至右腿前外側；左手捋把隨轉身向左上揚把至左肩前上方；目視棍右端前下方（圖 11－34）。

3. 上動不停，身體右轉，右腳經左腳後方向左撤一步成樁步；同時，右手握棍由下隨右腳左撤上舉至肩前；左手握棍隨轉身下壓至左膝前方；目視左前方（圖 11－35）。

4. 動作不停，借左腳向後蹬和身體向後撤之力，使兩腳同時踐步後撤同時落地成三體式；同時，雙手握棍合力向頭前上方撐推上架；目視前方（圖 11－36）。

要領：

(1) 撤步轉身，步法身法要靈活自然，身、械協調。

(2) 兩腳同時撤步的三體式上架，兩腳後撤時要有踐勁，周身完整、棍步一力。

(3) 整個動作要一氣呵成，各個分解動作必須达到要求，但又不應有絲毫停頓。

二十二、收式之二

1. 左前腳掌裏扣，重心移至左腳成側弓步；雙手握棍使棍在身體左側下落，垂直立於左腳外側，右腳向左腳并攏；同時，身體右轉右手變掌由體前下落,向右、向上、向左下落成立掌按於左臂裏側;目視左方(圖11－37)。

2. 動作不停,頭部轉正,右掌下落停於右大腿外側;目視前方(圖11－38)。

形意連環棍的動作圖解

圖11-1

圖11-2

圖11-3

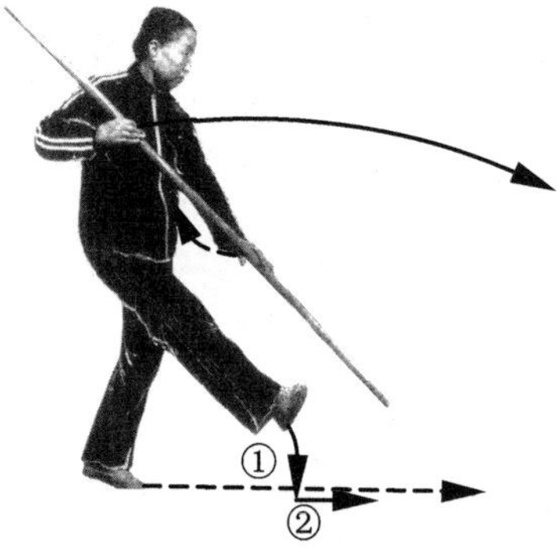

圖11-4

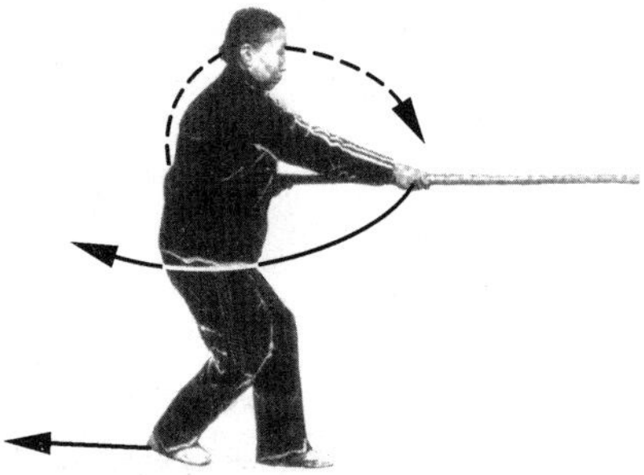

圖11-5

圖11-6

圖11-7

圖11-8

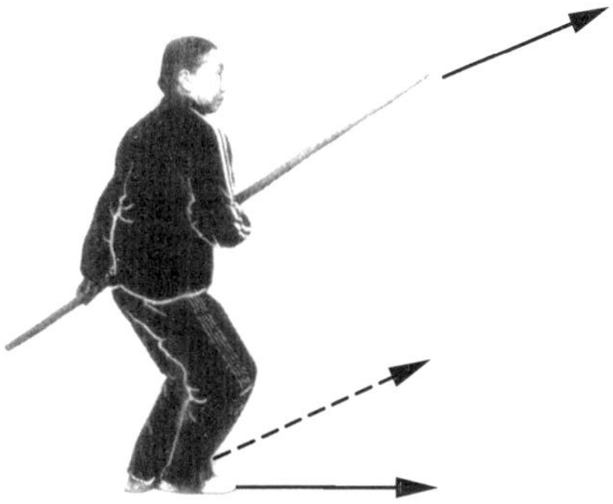

圖11-9

圖11-10

圖11-11

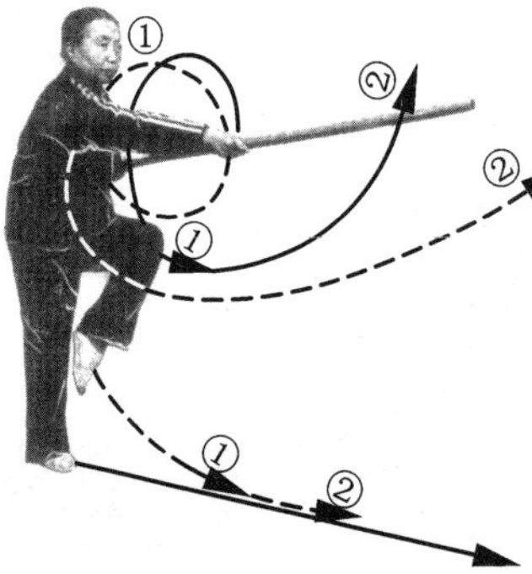

圖11-12

圖11-13

圖11-14

圖11-15

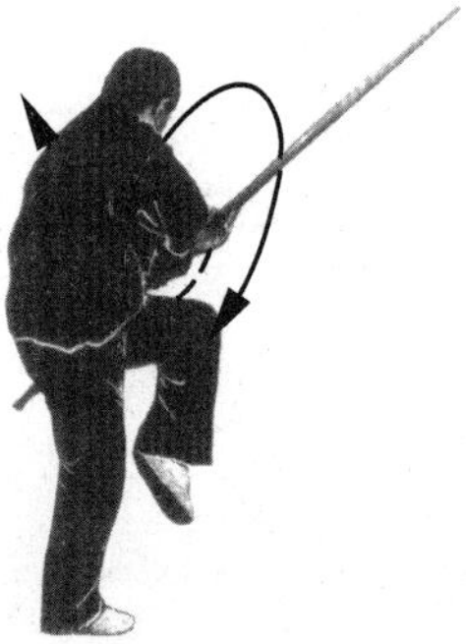

圖11-16

圖11-17

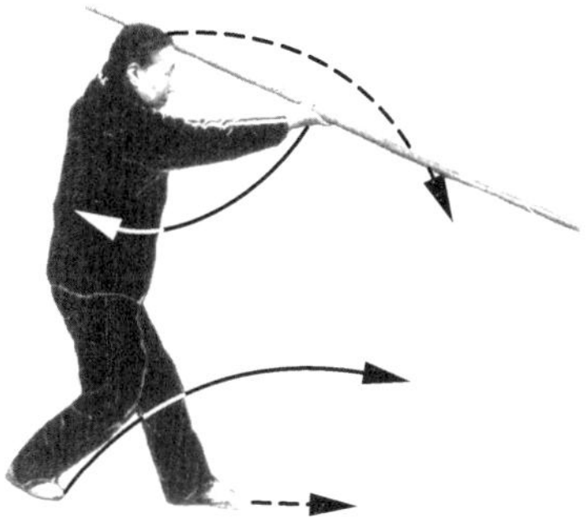

圖11-18

圖11-19

圖11-20

圖11-21

圖11-22

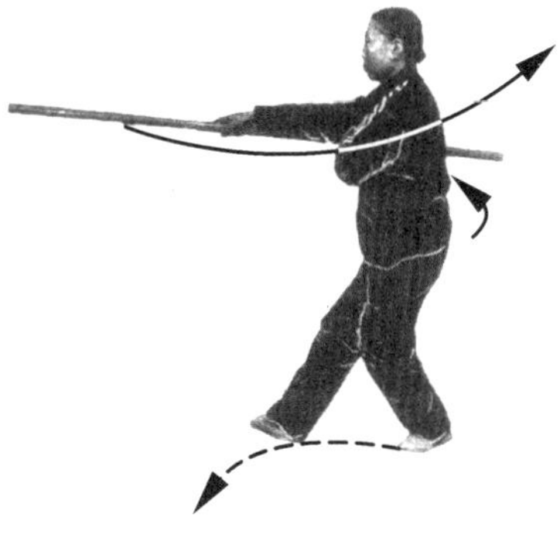

圖11-23

圖11-24

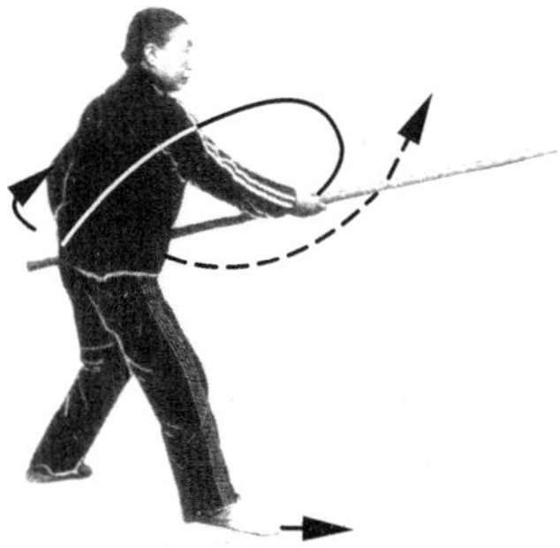

圖11-25

圖11-26

圖11-27

圖11-28

圖11-29

圖11-30

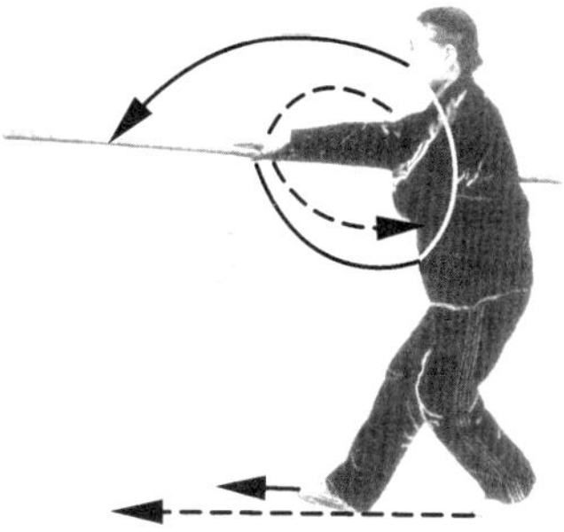

圖11-31

圖11-32

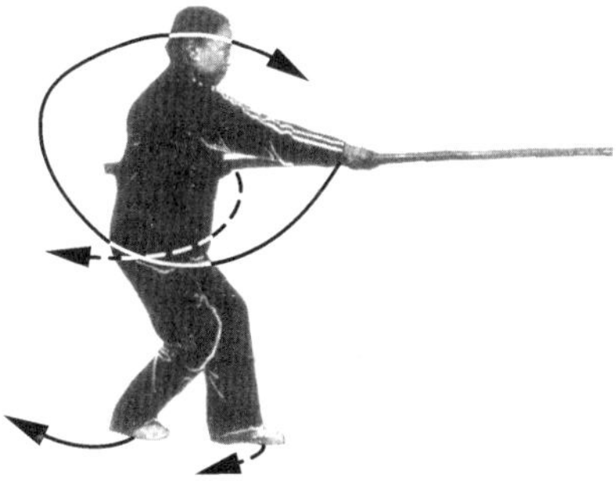

圖11-33

圖11-34

圖11-35

圖11-36

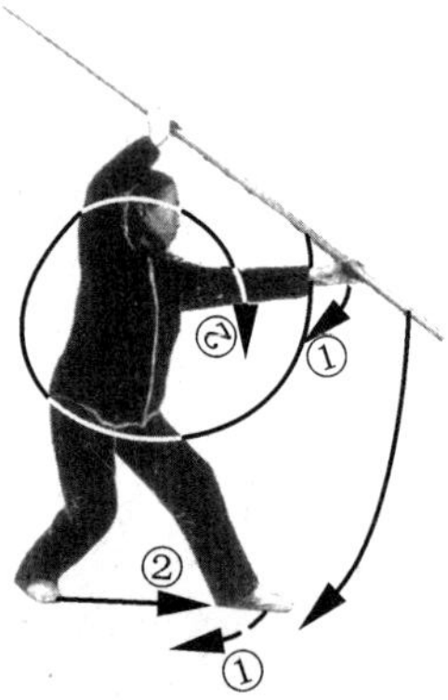

圖11-37

圖11-38

形意連環槍

形意連環槍的動作名稱

一、預備式
二、樁步圈槍母式
三、進步崩、扣、扎槍
四、退步上崩槍
五、前進揷步反扎槍
六、進步扎槍
（進步右崩槍）
七、退步上挑槍
（太公釣魚）
八、直立點槍
九、斜進步右炮槍
十、橫跨步左橫槍
十一、狸猫上樹槍
十二、圈槍進步扎槍
（進步右崩槍）
十三、左撤步圈提槍
十四、左弧行步倒把
十五、進步扎槍
（進步左崩槍）
十六、右撤步圈提槍
十七、右弧行步倒把
十八、進步扎槍
（進步右崩槍）
十九、回身上步劈槍
二十、進步崩、扣、扎槍
二十一、撤步回身舞花架槍
二十二、收式

形意連環槍的動作說明

一、預備式

1. 兩脚成立正姿勢，頭頂、收頦、齒扣、舌頂、沉肩、墜肘、氣沉，身體放鬆；右手五指自然并攏垂於右大腿外側，左手持槍垂直立於身體左側平視前方（圖 12－1）。

2. 右手由身體右側成仰掌上舉，手心向上、向左經臉前向左肩前下按至左腋前側，掌心斜向下；眼隨右手，最後目視左方（圖 12－2）。

3. 左手持槍屈臂上提，右手捋把握於把端；隨之左手捋把向前下落，右手握把前推，使槍、臂接近一條直綫，槍尖斜點於地面；同時，雙脚左轉 90°，右脚與左脚并齊；目視槍尖（圖 12－3）。

4. 重心後移,身體右轉,右脚後撤一步成樁步;同時,右掌在體前下落,向右、向上擺至頭右側上方,抖腕亮掌,指尖向前;左手握槍不動,臂微下沉;目視前方(圖 12-4)。

要領:

擺臂轉身雙手握槍,及撤步亮掌,都輕鬆自然,但要注目有神。

二、樁步圈槍母式

右掌前落握於把端,左手捋把虛握;繼之,右把向外擰腕貼腰後拉,右手及槍杆要緊貼身;同時,借左把向裏扣腕的合力,使槍端由左向上、向右畫一立圓,成樁步中四平握槍姿勢;目視前方(圖 12-5)。

要領:

(1) 右把回拉,左手捋槍,要借腰力以擰把;圈槍應左右力合,迅速自然。

(2) 在借腰力擰把、圈槍時,要使槍前端圈成立圓,圓大盈尺,必須力貫槍前端。

三、進步崩、扣、扎槍

1. 右脚經左脚裏側向前上步;同時,左手握把向外翻腕,使槍前端向下、向右、向上、向左發崩勁圈槍,邊崩邊貼身後拉成屈臂,大臂貼身,手心朝左上方;右手邊向上卷腕,邊屈臂後拉,手心朝下偏外;目視槍尖(圖 12-6)。

2. 上動不停,左脚經右脚裏側向前上步成樁步;同時,右手握把向裏卷腕前推,左手握槍由左向裏扣腕往前下壓,借雙手擰把的合力,使槍尖向下、向左、向上、向右畫一立圓成樁步扣槍姿勢;目視槍尖(圖 12-7)。

3. 上動不停,右脚向前跟進成崩拳步;同時,左轉身右手握把抖腰前推,使槍向前猛力扎出;兩臂要伸出,槍扎平,高與胸齊(此即進步右崩槍);目視前方(圖 12-8)。

要領:

(1) 進步崩、扣、扎槍的各個分解動作要連貫,練時要借腰力,一氣呵成。

(2) 上步要迅速,落脚要踩實;做崩、扣、扎動作時,必須要身械協調,上下完整一氣。

(3) 崩、扣、扎不僅要用腰勁,而且要充分發揮拉、推、擰扣腕的爆發力。

四、退步上崩槍

接上動，身體重心後移、雙手握槍微向下沉落；右脚先後撤一大步，隨即左脚脚掌貼地沿右脚裏側向後蹉地跐落，成退步崩拳步；左脚後撤跐落時，右手握把借撤步之力向後、向下拉壓；左手捋把借左脚踩落和右手拉壓之力向上先捋把，後握把使槍上崩，力貫前端，形成退步上崩發勁之勢；目視槍尖(圖 12－9)。

要領：

(1) 左脚貼地向後跐落，與右手向後拉壓以及左手向上捋，握把使槍上崩，要借腰力，練出周身一體的完整勁來。

(2) 槍如退步崩拳一樣，要練出“進也打，退也打”退步發勁之特色，在完整中要練出爆發力來。

五、前進插步反扎槍

1. 右脚先墊半步，左脚經右脚裏側向前進一步，落於右脚正前方，左脚尖裏扣；同時，右手握把貼身前向上、向左、向下後拉，繼而向上、向外翻腕抬至右肩上方；左手則同時向下、向右、向外卷腕，持槍向右下方撥攪，槍尖低不過膝；目視前方(圖 12－10)。

2. 上動不停，右脚經左脚後方向前插步；同時，左手捋把上托，向左擰身，右手反把由頭部右前方將槍向前扎出，槍扎平，高不過眉；目視槍尖(圖 12－11)。

要領：

(1) 槍向右下方撥攪與左脚向前扣步；托槍前扎與右脚後插，要身械合一，同時進行。

(2) 此式爲連續動作，練的過程中，分解動作不應有停頓；要步活、勁整，槍扎要有力。

六、進步扎槍(進步右崩槍)

1. 上動不停，左脚向前進步成椿步；同時，右手握把向裏卷腕下拉至腰部靠緊，左手握槍向下、向左、向上、向裏扣腕下壓；雙手配合，用後拉、下壓的合力圈槍扣壓，成椿步扣槍姿勢；目視槍尖(圖 12－12)。

2. 動作不停，右脚跟進成崩拳步；同時，右手握把向左擰腰前推，將槍猛力向前扎出；槍扎平，高與胸齊；目視前方(圖 12－13)。

要領：

(1) 在椿步扣槍的動作中，扣槍時左脚的進步、右手的後拉、左手的下壓要充分發揮旋把擰腰的整勁。

(2) 推槍前扎要步到槍出,力量要猛,力達槍尖。

七、退步上挑槍(太公釣魚)

1. 右脚後撤一大步成左弓步;雙手握槍使槍尖微下沉;目視槍尖(圖 12-14)。

2. 動作不停,左脚隨即向後撤步,身微下蹲,脚跟靠於右脚踝部裏側,脚尖向前;同時,右手握把後拉、下壓,靠於右大腿外側;左手捋槍上挑,槍尖高稍過頭頂成釣魚式;目視前方(圖 12-15)。

要領:

(1) 撤右脚時步要放開成左弓步,但毫不停頓,以助長壓把上挑之勁;雙手握槍微下沉是爲了蓄力待發,勁要内含。

(2) 釣魚式中的挑槍,要借蹲身擰腰雙手的合力以發勁,故挑槍與左脚後撤必須完整一氣。

八、直立點槍

接上動,步型不變,兩腿蹬直起立;同時,右手握把向裏卷腕邊前推邊迅疾上抬至頭前方,利用左把起槓桿作用使槍尖向前下迅疾點出;目視槍尖(圖 12-16)。

要領:

兩腿蹬直,起立要快,以助長前推、上抬和加大、加快下點之力;動作要協調,勁力要完整、迅疾,并求力達槍尖。

九、斜進步右炮槍

1. 身體重心下移,左脚向右脚前方上一步;同時,右把沿左臂裏側向左下拉壓到左肘下方;左手則同時握槍曲臂向右下方畫弧上舉;兩手配合,用雙手的合力使槍由下經左向上弧形攪起,槍尖稍高過頭;目視前方(圖 12-17)。

2. 動作不停,右脚向右斜前方趟進一大步,左脚隨即跟進半步成炮拳步;同時,向右擰身,兩手握槍向下、向右上方炮撐發勁,槍身平,高不過眉;目視槍尖(圖 12-18)。

要領:

(1) 此式中的重心下移,左脚上步與拉把攪起,是爲了蓄力待發,動作要協調一致;勁要内含。

(2) 右脚進步與雙手向右上方將槍炮出,要借旋把、擰腰之勁;步到槍發,勁力要迅猛、剛實,有爆發力,并要力達槍端。

十、橫跨步左橫槍

1. 左脚向左横跨一步；同時，左手握槍扣腕，右手握把向裏卷腕，雙手配合從左下向右圈槍，左手高與胸齊，右把卷在左肘裏下方；使槍尖向下、向左、向上、向右圈槍扣把，槍尖高與頭平；目視槍尖（圖 12－19）。

2. 動作不停，右脚向左脚後方亦横跨一步成樁步；同時，向左擰身，雙手握槍合力使槍向左横出，槍身高與肩平；目視槍尖（圖 12－20）。

要領：

（1）左脚横跨與雙手下落圈槍，動作要協調一致，圈槍後動作要蓄力待發，其勁内含。

（2）横槍與右脚横跨動作要同時完成；雙手扣握横擊，發勁要迅猛，有爆發力，力達槍端。

十一、狸猫上樹槍

1. 左脚向前墊進半步向右擰身，右脚隨即屈膝提起，脚尖外擺向前踹出；同時，右手從下向裏翻腕由腰部向後拉，左手向外卷腕捋把配合回拉，使槍頭由左、從下向右圈槍；槍身平，高與胸齊；目視前方（圖 12－21）。

2. 上動不停，右脚迅速向前踩落，左脚隨即跟進半步，兩腿夾緊，左膝頂靠於右膝後裏側；同時，左手捋把上抬，微向左擰身，右手由右肩上反把將槍向前猛力扎出，槍高與眼平；目視槍尖（圖 12－22）。

要領：

（1）右脚前踹動作要迅猛，并與收槍動作勁力要一致。

（2）右脚踩落與向前反扎，動作要協調；扎槍勁力要迅疾，有爆發力。

十二、圈槍進步扎槍（進步右崩槍）

1. 上動不停，右脚向前墊進半步，左脚隨即跟進提起成左提步；同時，右手向外卷腕握把回拉至腰部右側，左手扣腕從左下向右上圈槍下壓成提步扣槍式；目視前方（圖 12－23）。

2. 動作不停，左脚向前趟進一大步，右脚隨即跟進成左崩拳步；同時，右手握把向裏擰腕，向左擰腰猛力前推使槍向前扎出，槍身平，高與胸平；目視前方（圖 12－24）。

要領：

（1）提步扣槍與崩步扎槍動作要身械協調；勁力要完整，出槍要迅猛，要充分發揮擰腕、抖腰的作用力。

（2）從狸猫上樹至進步扎槍爲連貫動作，要一氣呵成，有勇不可擋的氣勢。

十三、左撤步圈提槍

1. 身體右轉，右脚向身體左後方撤一大步成左弓步；同時，右轉身，右手從下向外翻腕，握把貼身經腰向後上方提拉，使右臂伸開右手拉至右肩後上方；左手同時捋把從右下、向左上、再向右下圈槍下撥；目視槍尖（圖 12－25）。

2. 動作不停，重心後移，身體右轉，左脚屈膝提起成右獨立姿勢；同時，左手握槍屈臂上提，使左臂緊貼靠於左胸上部，槍頭位於左膝外側；右手同時捋把上提於頭右上方，臂伸直，手捋至槍杆中部；目視左下方（圖 12－26）。

要領：

此式爲連續動作，撤步圈槍下撥與提槍獨立中間不應有停頓；要順腰，活胯，使圈槍柔韌靈活。要充分利用身法，使身械協調而又輕鬆自然。

十四、左弧行步倒把

1. 接上動，向左擰身，左脚外擺向左前方邁出成外擺步；雙手握槍姿勢不變；目視左前下方（圖 12－27）。

2. 上動不停，向左轉身，右脚向左脚前方弧行邁進，脚尖裏扣使兩脚成内八字形，手、槍姿勢不變；目視左前下方（圖 12－28）。

3. 上動不停，身體繼向左轉，左脚外擺向左前方弧行邁進成外擺步，手、槍姿勢不變；目視左前下方（圖 12－29）。

4. 上動不停，再左轉身，右脚向左脚前方弧行邁進，脚尖裏扣成内八字扣步，手、槍姿勢不變；目視左前下方（圖 12－30）。

5. 上動不停，再向左轉身，左脚向左前方邁進半步，脚尖向前成椿步，到此已弧行一周，此步邁出應在原套路直綫上；同時，雙手握槍使槍尖由下經前，向上向後穿挑；在槍尖行至身前上方時，左手向下捋把，右手向上捋握，進行倒换把；目視身後槍尖（圖 12－31）。

要領：

（1）此式步法爲弧行擺扣步，弧行一周，行步時外擺、裏扣要迅速、自然；身體不得有起伏；脚要邁到位，以求弧行能歸到原方位。

（2）各分解動作之間不應有停頓現象，行步時身體如行雲流水，重心要穩。

（3）雙手握槍穿挑、倒换把要自然而迅速，與左脚的前邁要做到身械協調。

十五、進步扎槍(進步左崩槍)

1. 上動不停,右脚經左脚裏側向前上步成樁步;同時,隨上步雙手拉槍貼右腿外側提至身前時,左手捋把至杆端,隨即向裏卷腕下落緊靠於腰間;同時,右手握槍向下、向右上、向左裏扣腕,使槍前端畫一立圓成樁步扣槍姿勢;目視前方(圖 12-32)。

2. 上動不停,左脚隨即跟進成崩拳步;同時,右轉身左手握把猛力前推,將槍向前扎出成崩步扎槍姿勢,槍身平,高與胸齊;目視前方(圖 12-33)。

要領:

(1) 進步拉、扣槍時要與右脚落地同時完成,身械要協調。

(2) 跟步扎槍要借轉身抖腰以發勁,并要迅速、猛實,力貫槍尖。

(3) 要借弧行步的慣性,動作要連貫,一氣呵成。

十六、右撤步圈提槍

動作説明及要領與十三同,惟動作方向相反(圖 12-34、圖 12-35)。

十七、右弧行步倒把

動作説明及要領與十四同,惟動作方向相反(圖 12-36、圖 12-37、圖12-38、圖 12-39、圖 12-40)。

十八、進步扎槍(進步右崩槍)

動作説明及要領與十五同,惟動作方向相反(圖 12-41、圖 12-42)。

十九、回身上步劈槍

1. 身體右轉,右脚隨即後撤一步,扣左脚尖回身成樁步;同時,右手握把手心由下向外擰,由身前經頭右上方向後拉至右肩的右上方;左手捋把下沉,落於左胯後方,手心向外;目視右把前方(圖 12-43)。

2. 動作不停,向右轉身,左脚經右脚裏側向前上步踩落成樁步;同時,右手握把下落緊貼於右胯前;左手配合右手將槍經頭左上方,向前、向下捋把劈落,槍高與胯平;目視槍前方(圖 12-44)。

要領:

(1) 撤步轉身與擰把拉槍,要身、械合一,自然和諧,蓄力待發。

(2) 上步劈槍要步到槍隨,借轉身、擰腰、掄臂、捋把而劈,但又必須槍到而把實以便發勁。

二十、進步崩、扣、扎槍

動作説明及要領與三同,惟方向相反。

連環槍前半趟到此練完。如接練後半趟則再練退步上崩槍、前進插步反扎等，練至起點回身後，再練進步崩、扣、扎槍，即可做收式動作。現已練至起點回身練完進步崩、扣，最後做崩步扎槍（圖 12－45）接收式的過渡動作：

二十一、撤步回身舞花架槍

1. 身體向右轉，右脚隨即後撤一步，扣左脚尖回身成椿步；同時，右手握把，手心由下向外擰，由身前自下向後拉至右肩的右上方；左手捋把下沉落於左胯後方，手心向外；目視右把前方（圖 12－46）。

2. 動作不停，身體重心前移至右脚，繼續右轉，左脚向右脚前方扣步；同時，左手握槍由後經頭上，向前、向下掄落至身體左側下方；右手則同時捋把下沉向左腋下運行，此時，槍把繞至身後上方；目視槍尖（圖 12－47）。

3. 上動不停，身體繼續右轉，左手借向下掄的慣性隨轉身使槍在身前由左下方向右下方掛出；目視槍尖（圖 12－48）。

4. 上動不停，身體繼續右轉 180°，重心迅速後移至左脚；右脚隨轉體由左脚後沿直綫後撤，後撤時要借左脚後蹬之力，撤出一大步；右脚落地的同時，左脚貼地亦後撤半步成椿步；借轉身退步之力的同時，右手捋把在身前向下、向右、向上、向後掛舉至右肩上方；左手同時捋把配合掄掛之力，使槍尖由右向上、向左、向下、向右，使槍的前端向前上方推起架撑而出；槍停在頭部上方，前低、後高，斜向架撑；目視前方（圖 12－49）。

要領：

（1）撤步回身舞花，擺、扣步要自然、和諧、迅速；身體重心要穩；雙手要活；身體、步法要協調；舞花槍要成立圓。

（2）撤步架槍身體後撤，左脚後蹬，雙脚蹚勁，落實定步則爲踩勁，要與槍的上架動作一致，勁力要完整。

二十二、收式

1. 左脚尖裏扣 90°，身體重心移至左腿；同時，右手捋把將槍把向左脚外側下方下推，手捋靠於左手下方；左手握槍亦同時向身體左方外側下落；使槍直立於左脚尖外側；目視左方（圖 12－50）。

2. 動作不停，右脚向左脚并攏，身體成并步直立；同時，右手變掌貼身前自下向右、向上成仰掌擺起，繼而經臉前向左貼身擺成俯掌落於左肋前；眼隨手動，最後目視左方（圖 12－51）。

3. 右掌在身前自然下落，貼於右大腿旁成并步持槍姿勢；頭向右轉，目視前方（圖 12－52）。

形意連環槍的動作圖解

圖12-1

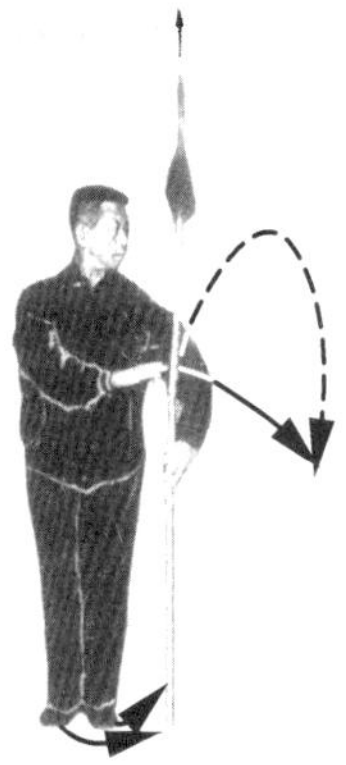

圖12-2

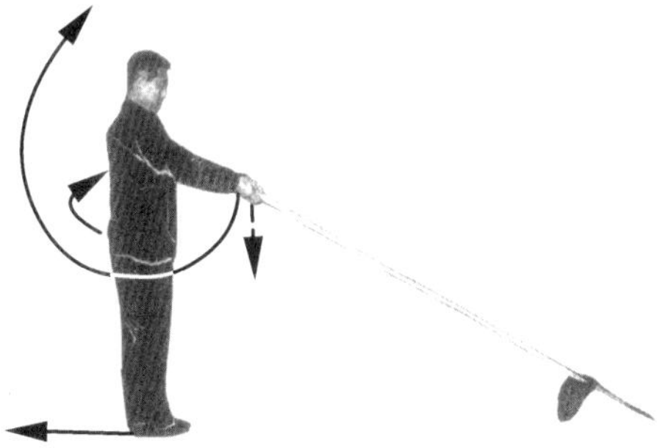

圖12-3

圖12-4

圖12-5

圖12-6

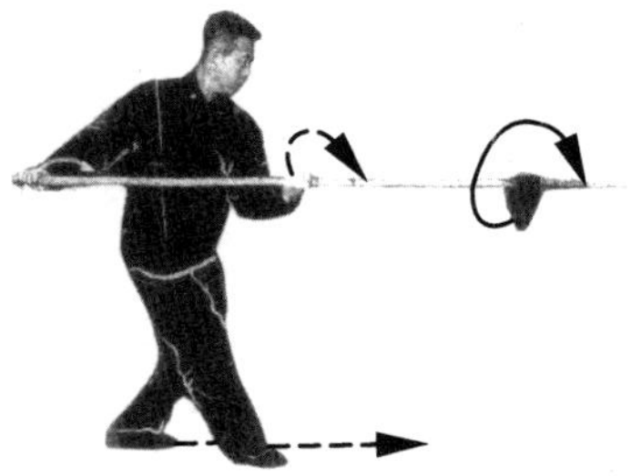

圖12-7

圖12-8

圖12-9

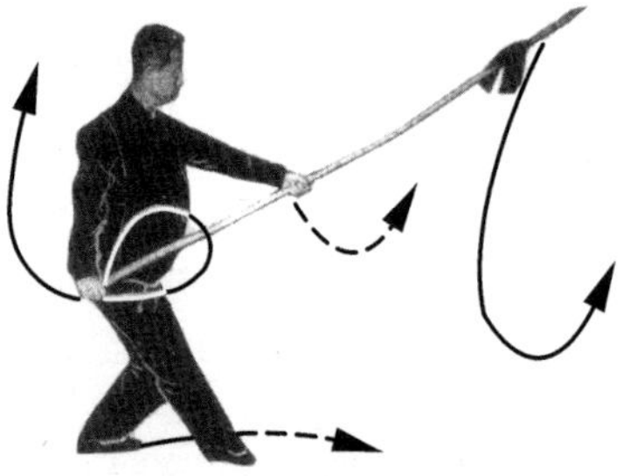

圖12-10

圖12-11

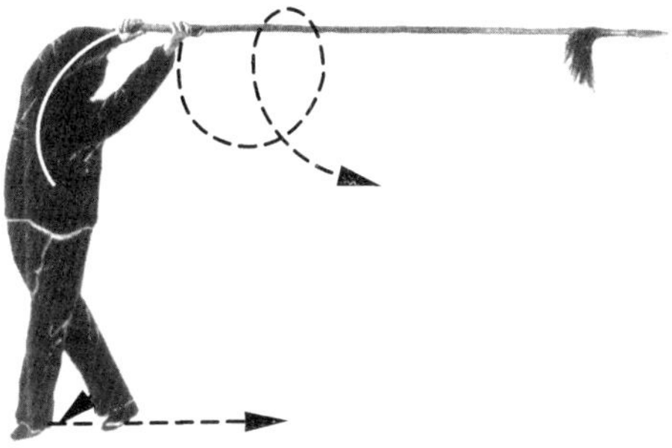

圖12-12

圖12-13

圖12-14

圖12-15

圖12-16

圖12-17

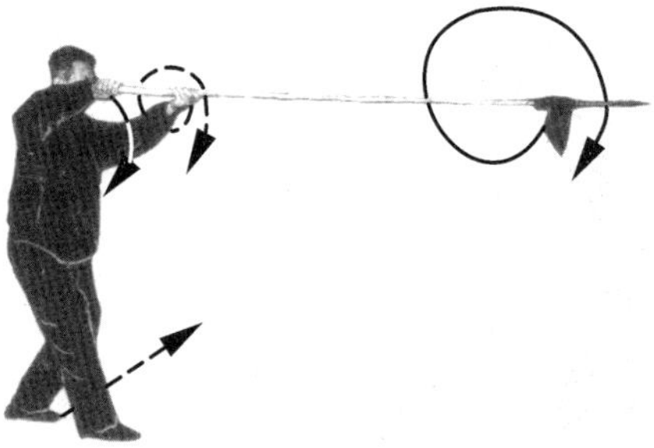

圖12-18

圖12-19

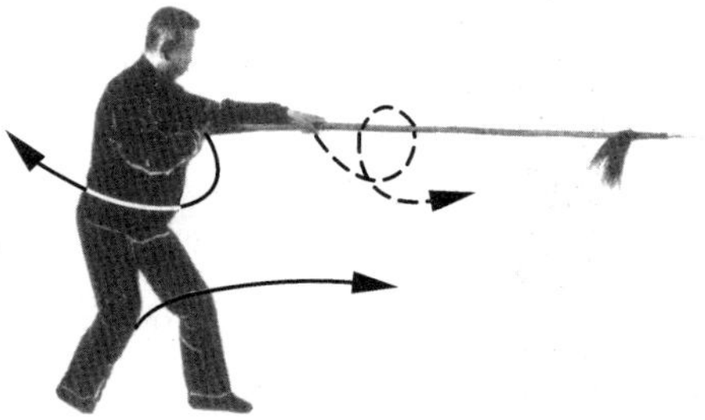

圖12-20

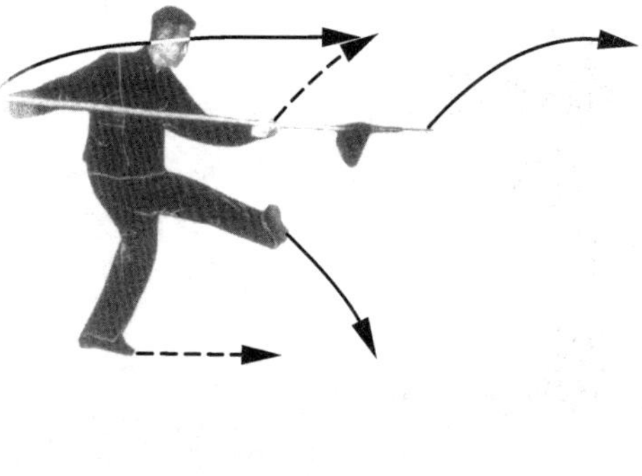

圖12-21

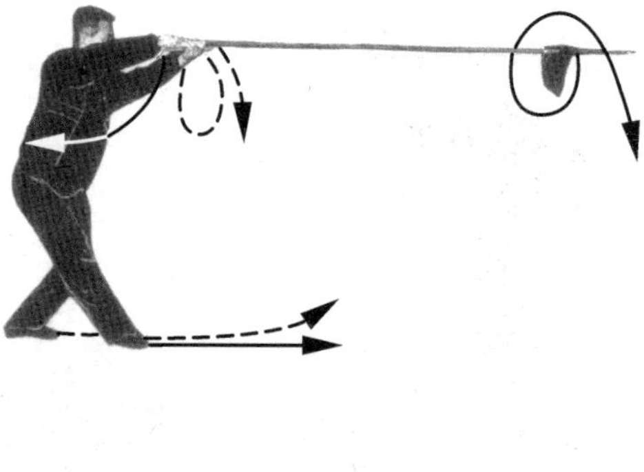

圖12-22

圖12-23

圖12-24

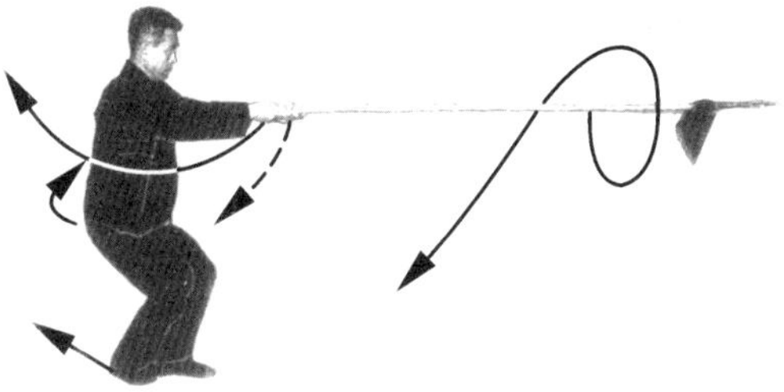

圖12-25

圖12-26

圖12-27

圖12-28

圖12-29

圖12-30

圖12-31

圖12-32

圖12-33

圖12-34

圖12-35

圖12-36

圖12-37

圖12-38

圖12-39

圖12-40

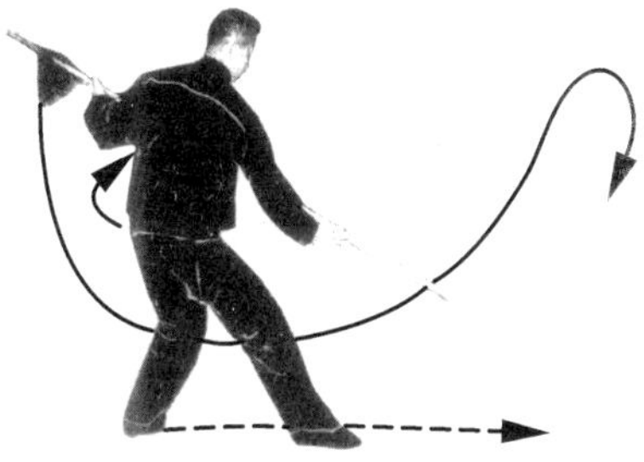

圖12-41

圖12-42

圖12-43

圖12-44

圖12-45

圖12-46

圖12-47

圖12-48

圖12-49

圖12-50

圖12-51

圖12-52